AF325241

LES DEUX GRANDES

QUESTIONS D'OCCIDENT

ET D'ORIENT

ET

LEUR SOLUTION PROCHAINE

PAR

M. l'abbé Ch. DUTARTRE

prêtre du Diocèse de Sens.

———

PARIS

IMPRIMERIE F. LEVÉ

17, RUE CASSETTE, 17

—

1882

LES DEUX GRANDES

QUESTIONS D'OCCIDENT

ET D'ORIENT

ET

LEUR SOLUTION PROCHAINE

PAR

M. l'abbé Ch. DUTARTRE

prêtre du Diocèse de Sens.

PARIS

IMPRIMERIE F. LEVE

17, RUE CASSETTE, 17

—

1882

PRÉFACE

Les questions d'Orient et d'Occident avaient paru dans le journal *la Croix*, si savamment rédigé par les Pères Augustins de l'Assomption ; comme le point de vue sous lequel elles étaient traitées, particulièrement la question d'Orient, avait attiré l'attention de plusieurs esprits, je cédai au conseil de les faire réimprimer en brochure, pour leur donner, s'il est possible, une plus grande diffusion. Je les ai donc réunies ici toutes deux, en mettant comme préface, pour ainsi dire, à la question orientale celle d'Occident, parce que celle-ci est la première dans l'ordre des évènements qui vont s'accomplir, et qu'elle est destinée à préparer et à résoudre la grave question orientale ou juive qui a paru sous le titre de *Constantinople et Jérusalem.*

Les temps sont venus où ce qu'on est convenu d'appeler l'*équilibre européen*, ce trébuchet de la politique moderne, va disparaître dans une immense commotion, qui, en déplaçant le centre politique de l'Europe, fera retrouver aux peuples l'assiette de la vraie politique; non de cette politique qui n'est que la science de mentir et de tromper et ne reconnaît dans la pratique que le droit de la force mis au service de l'ambition et de l'égoïsme, mais de cette politique qui ne s'inspire que de la vérité et de la justice chrétiennes et met la force seulement au service du droit.

Dans l'ère nouvelle, qui va clôre la dernière étape de la Révolution et ouvrir aux peuples de nouveaux horizons, deux villes vont se partager l'attention du monde et en devenir deux centres d'attraction de plus en plus puissants : Rome et Jérusalem.

Rome et Jérusalem, les deux villes éternelles les deux villes saintes et prédestinées, qui ont présidé l'une à la naissance, l'autre à la diffusion du Christianisme dont elle est devenue la capitale universelle, vont être appelées à consommer leur œuvre : celle-ci en voyant les nations former à sa voix un unique bercail sous la houlette de son Pasteur suprême ; celle-là, en recueillant des contrées lointaines un grand nombre de ses fils égarés pour les offrir dans le repentir et l'amour à Jésus-Christ et à son Église.

Je n'ai pas donné à cette seconde partie de la question orientale les développements qu'elle demanderait; je n'ai fait que l'exposer, la réservant à une étude plus approfondie, s'il plaît à Dieu.

Des retards indépendants de ma volonté ont renvoyé jusqu'aujourd'hui la réimpression de cet écrit; j'espère cependant qu'il arrivera encore à propos pour apporter, avec la grâce de Dieu, un peu de lumière et de consolation aux incertitudes et aux anxiétés de l'heure présente.

L'abbé Ch. DUTARTRE.

(*Vignes, ce 10 mars 1882.*)

LA QUESTION D'OCCIDENT

Chacun se demande aujourd'hui avec une trop légitime crainte, en présence d'un avenir aussi menaçant qu'il est proche : Où en sommes-nous ? où allons-nous ?

Y a-t-il encore, pour les sociétés, un avenir, au moins une halte plus ou moins longue sur la pente où elles se précipitent ?

Ou bien, après tant de défections, de révoltes, de crimes et de blasphèmes, la justice de Dieu aurait-elle prévalu, et « le temps des nations serait-il accompli ? » (S. Luc, XXI, 24.)

Depuis un demi-siècle surtout, les esprits les plus éminents et les plus catholiques se sont préoccupés de cette grave question.

Tous ont vu le monde pris dans ce dilemme :
« Ou une restauration religieuse des sociétés modernes par une intervention extraordinaire de Dieu dans les évènements humains ; ou l'apostasie finale des nations, qui doit précéder, selon l'enseignement de l'Apôtre (Thess. XI, 2), l'apparition de l'homme de péché et le grand jour du Seigneur. »

Les prévisions de ces esprits d'élite n'étaient que trop bien fondées. Aujourd'hui ce même dilemme s'impose à l'optimisme le plus résolu ou le moins clairvoyant ; tout le monde pressent que nous entrons dans une de ces crises qui ramènent la vie ou déterminent la mort.

Cet état de choses sollicite donc les réflexions de toute intelligence désireuse de comprendre vers quel avenir nous marchons, et commande l'attention à tout esprit sérieux qui cherche à savoir à quels rivages doit toucher la barque si agitée qui porte les destinées des sociétés modernes.

Je vais essayer de répondre à ce regard inquiet et interrogateur, que chacun jette sur un avenir qui est à nos portes.

I

L'ÉTAT MORAL ET SOCIAL DU MONDE. — L'ORIGINE ET LA NATURE DE CE QU'ON APPELLE LA RÉVOLUTION.

L'état actuel du monde est la décomposition.

Décomposition morale et sociale très avancée, je n'exagère pas, par l'absence de toute foi religieuse positive dans le grand nombre.

La religion est en effet à un peuple, à un corps social, ce que l'âme est au corps physique, naturel, qu'elle anime.

Quand ce dernier est séparé de ce qui était son lien et son principe vivifiant, aussitôt tous les éléments qui le composaient entrent en lutte, se divisent les uns d'avec les autres, brisent les lois auxquelles l'âme les tenait assujettis, et, sollicités par les éléments extérieurs et étrangers, ils cherchent à se combiner avec leurs similaires, qui ont avec eux une affinité naturelle, pour former de nouveaux corps par la destruction du premier.

Ainsi, tant que la foi religieuse, qui est le seul lien possible et l'unique principe vivifiant des nations, n'est méconnue et méprisée que d'un nombre d'individus relativement petit, le corps social est sujet seulement à des désordres locaux, à des troubles morbides partiels, qui ne compromettent point la santé générale.

Mais du jour où c'est le grand nombre qui a rompu avec la foi religieuse, un travail de mort commence à s'opérer dans tout le corps social ; les éléments, qui sont les individus, subissent par affinité de mœurs et de tendances l'attraction de tous les éléments de désordre qui les sollicitent de s'associer à eux comme à leurs similaires, brisent avec les lois morales par lesquelles la Religion les tenait à leurs places respectives et les faisait, à leur propre avantage, concourir à la conservation et au bon état du corps entier, et conduisent ce dernier, par une lutte de destruction de plus en plus active, à l'état de putréfaction et à une fin aussi honteuse que misérable.

C'est l'histoire de tous les peuples dont la vie s'est éteinte dans la fange et le sang. Or, c'est là le travail de mort qui s'opère au sein de nos sociétés, travail qu'accélère d'une manière effrayante la franc-maçonnerie internationale, ce mal qui ronge le corps social, ce polype monstrueux qui en ruine et absorbe de plus en plus les forces, se nourrit et se développe de ce que perd la foi chrétienne dans les masses.

Ce sont donc tous les éléments de vie et de force enlevés chaque jour au corps de la société, qui, combinés de nouveau, reliés ensemble, disciplinés et animés par le génie du mal, recomposent un nouveau corps qu'on appelle *la Révolution*, dont

Satan lui-même est l'âme, comme il en est le père et le chef invisible.

C'est pourquoi la Révolution est essentiellement antichrétienne et satanique.

Mue par la haine seule de Dieu et de son Christ, elle n'a qu'un but, qui est la destruction de leur règne sur la terre, pour y substituer celui de l'orgueil et de la chair.

Elle est conséquemment antisociale, parce que, ennemie née des principes sur lesquels repose toute société chrétienne et bien ordonnée, et des institutions qui en sont les gardiennes, elle ne travaille qu'à saper les uns et à renverser les autres.

Les deux pôles politiques de l'orbe qu'elle parcourt sans cesse, en poursuivant son œuvre de haine et de destruction, sont le despotisme et l'anarchie.

C'est un orbe qui ressemble à celui de l'enfer, *où il n'y point d'ordre* ni de repos, mais une agitation continuelle, un écrasement et une révolte perpétuels dans les ténèbres et les horreurs du chaos.

II

DOUBLE MOYEN D'ACTION QU'EMPLOIE ACTIVE-
MENT DE NOS JOURS LA RÉVOLUTION POUR
ATTEINDRE SON BUT. JE VEUX DIRE : L'HYPO-
CRISIE ET LA VIOLENCE.

Détrôner le Christ et régner à sa place dans
l'orgie de la haine et du pouvoir, « régner ainsi,
ne serait-ce que vingt-quatre heures, et sur les
ruines du monde », a dit l'un de ses chefs oc-
cultes, tel est donc le but que se propose d'atteindre la Révolution et qu'elle croit déjà toucher de la main.

Mais, comme au sein des sociétés chrétiennes
le Christianisme a déposé un germe de vie *inex-
terminable* dans la vérité qu'il enseigne et dans la
foi surnaturelle qu'il inspire, toutes les forces révolutionnaires, excitées et conduites par l'esprit
satanique qui les anime, conspirent, dans leur fureur aveugle, à l'étouffement de ce germe, y travaillent aujourd'hui de toute manière, et déploient
à cette besogne une rare hypocrisie et une violence inouïe ; deux qualités, au reste, de tempé-
rament, que la Révolution tient de son père et
qui constituent le fond de sa nature. Elles s'é-
taient déjà manifestées avec éclat dès les premiers jours de son éclosion, mais elles ont grandi

depuis avec elle et sont arrivées à leur complet épanouissement.

Ici, en effet, la Révolution, s'armant de la torche, du poignard, du fulminate, de la dynamite et de tous les engins les plus destructeurs dus aux progrès de la science (qui ne travaillait pas pour Dieu, il est vrai), essaye de renverser les trônes, de détruire les institutions qui gênent et retardent sa marche, et sont encore un obstacle à l'œuvre radicale qu'elle se propose.

Cette fille échevelée de Brutus a sorti désormais le poignard de dessous son manteau frippé, et a allumé ses torches : elle a jeté le masque, donné le mot d'ordre, et ses bataillons s'augmentent chaque jour de nouvelles recrues.

Or, pendant qu'elle prend pour point de mire de sa violence les souverains et leurs trônes, elle exhibe ailleurs les autres ressources de son génie, je veux dire de sa profonde hypocrisie.

Là donc où elle a pu se hisser au pouvoir par le mensonge et l'exploitation du suffrage universel, assise aux bancs des législateurs des peuples, elle procède par une autre voie, par la voie d'étouffement.

Elle légifère pour chasser Dieu des écoles, et le bannir de l'éducation et de l'instruction de la jeunesse, à tous les degrés.

En même temps qu'elle proclame la liberté de

conscience, elle viole les lois les plus primitives
et les plus sacrées de cette même liberté, en ôtant
aux parents la possibilité morale, ou ne leur laissant qu'un droit spécieux et illusoire de faire instruire leurs enfants par des maîtres de leur choix
qui continuent à développer à l'école la premièr
éducation reçue au foyer. Elle veut, au nom de
la liberté, contraindre les pères et mères de livrer
ce qu'ils ont de plus cher au monde, l'âme et le
cœur de leurs fils et de leurs filles, à des maîtres
et à des maîtresses qui leur apprendront au nom
de l'Etat :

Qu'il n'y a qu'un dieu à servir : l'Etat ;

Qu'une morale à suivre : la loi de l'Etat.

Qu'une seule crainte à avoir : celle du gendarme
de l'Etat.

Qu'une seule félicité à poursuivre, celle qui se
trouve dans la possession et la jouissance des
biens et des plaisirs de la vie, surtout dans les
honneurs, les places et les pensions que distribue
l'Etat.

Tout cela, bien entendu, enseigné au nom des
*intérêts les plus chers du peuple ; car il s'agit de le
préserver des empiètements de plus en plus mena-
çants du cléricalisme, et de lui conserver les plus
précieuses conquêtes du progrès et de la liberté,
auxquelles il doit sa prospérité et son indépendance.*

Cela est dit ou écrit par de sinistres farceurs,

qui entendent sans doute par *liberté* le pouvoir
qu'ils ont et le plaisir qu'ils se donnent de l'ôter
aux autres ; par *progrès*, celui qui les a tirés en
grand nombre de leur fumier et de leur indigence
pour les mettre aux honneurs et aux profits, et
par prospérité du peuple et son indépendance,
celles dont ils jouissent, eux, à son grand détriment et pour sa ruine.

Ils veulent toutefois que le pays se déclare con-
tent quand eux-mêmes sont satisfaits. Après tout,
ne sont-ils pas le pays? Louis XIV avait dit,
dans l'enivrement de sa puissance et de sa gloire :
« L'État,c'est moi »: jamais la pensée ne lui serait
venue de se croire davantage. Louis XIV n'était
qu'un enfant !

III

LA RÉVOLUTION MODERNE EST LE RETOUR DU
PAGANISME SOUS UNE FORME PIRE QUE LA PRE-
MIÈRE. CE PAGANISME NOUVEAU A ENVAHI LES
MASSES ET IL EST DEVENU LA RELIGION D'ÉTAT,
OU MIEUX L'ÉTAT LUI-MÊME.

La Révolution moderne est le retour du paganisme sous une forme pire que la première. Ce paganisme nouveau a envahi les masses, et il est devenu la religion d'État, ou mieux l'État lui-même.

Quand l'esprit impur, dit le Seigneur (saint
Matth., XII), est sorti d'un homme, après avoir

tenté vainement d'y rentrer, et erré longtemps par des lieux arides, y cherchant un repos qu'il ne peut trouver, il va prendre avec lui sept autres esprits plus méchants que lui, et, revenant à la charge, avec leur aide il est vainqueur et entre de nouveau dans la place mal gardée et mollement défendue (pendant qu'on y faisait du libéralisme) et *le dernier état de cet homme devient pire que le premier. C'est ce qui arrivera,* ajoute le Seigneur, *à cette génération très mauvaise.*

Bien que le Seigneur fît au peuple juif l'application immédiate de cette parabole, on ne peut douter cependant que « *dans cette génération très perverse* » il ne comprît en même temps cette autre génération qui, après avoir été *illuminée* du don de la foi, selon l'expression de l'Apôtre, retournerait en arrière, et, abjurant le Christ, ses lois, sa doctrine et son Église, reviendrait à une sorte de paganisme pire que le premier, celui que nous voyons déjà s'étaler en plein soleil.

« Car toutes ces choses, dit saint Paul, qui arrivaient aux Juifs, étaient des figures de ce qui nous regarde, et elles ont été écrites pour nous instruire, nous qui nous trouvons à la fin des temps. » (Cor. x, 6-11.)

Je le demande à tout homme de bonne foi qui observe et réfléchit, qu'est-ce autre chose en effet que la Révolution moderne, sinon l'accomplissement au milieu du peuple chrétien des paroles de notre Evangile : le retour du paganisme sous une forme nouvelle *avec sept autres esprits plus méchants* que celui qui l'animait dans sa forme antique et la rechute du monde dans un état plus incurable.

Car le point de départ du nouveau paganisme, ce ne sont plus *les temps d'ignorance*, mais le temps où brille *l'admirable lumière de l'Evangile et où a paru la bonté de Dieu, notre Sauveur, et son amour pour les hommes.*

Aussi revient-il, sous la figure la plus satanique, marqué au front du caractère de la bête, des stigmates de l'apostasie, avec le mépris souverain de la vérité et la haine de Dieu dans le cœur et tous les blasphèmes de l'enfer sur les lèvres.

Or, il ne faut pas se le dissimuler, ce paganisme est devenu aujourd'hui à différents degrés la religion du grand nombre.

Il a envahi les âmes par le scepticisme, l'incrédulité, l'irréligion, l'orgueil, le matérialisme, l'esprit de révolte et d'indépendance.

Il a envahi le corps social, les lois, les institutions, la presse, l'enseignement public et officiel donné au nom de l'État.

Depuis longtemps déjà il est devenu un peu plus ici, un peu moins là peut-être, quasi tout à fait ailleurs, l'État lui-même.

En effet, comme le paganisme nouveau, qui n'adore point Dieu, l'État moderne reconnaît-il, adore-t-il d'autre dieu que lui-même ? Il ne reconnaît ni à Dieu ni à son Eglise le droit de contrôler *sa morale* et de soumettre ses actes, comme ceux des simples mortels, aux règles de la justice et de la morale chrétienne.

C'est proprement le dieu-Etat, avec *sa raison d'Etat* qui est indiscutable et ne souffre point d'opposition, mais est au-dessus de tout, légitime tout, tranche tout, termine tout.

Mais quelle est donc cette *haute raison d'Etat* qui, se masquant sous divers prétextes d'une fausseté évidente et d'une injustice révoltante, supprime les congrégations religieuses, viole sans scrupule le domicile et la liberté individuelle, fait litière du droit de propriété, à l'égard d'une classe de citoyens dont tout le crime est de se réunir pour prier et faire le bien, comme d'autres se réunissent, sous la protection de l'Etat, dans un but assurément moins *humanitaire*, selon l'expression de la philosophie moderne ?

Quelle est cette *raison d'Etat* qui ne craint point d'étendre une main odieuse jusque dans le sanctuaire de la famille, pour en arracher l'enfant aux parents et le conduire à l'école *gratuite* et *obligatoire*, où on lui donnera une instruction *laïcisée*, c'est-à-dire sans Dieu, car c'est là le but évident et unique de la nouvelle loi ?

Quelle est donc encore cette raison d'État qui, par une loi sacrilège, veut obliger le prêtre à porter les armes, et soumettre tous les élèves des grands séminaires à la *clinique* de la caserne ?

C'est assurément la même raison d'État qui autorise à déboulonner les statues des saints et des grands bienfaiteurs des hommes, et à refouler dans les temples la pieuse et édifiante manifestation du culte catholique.

C'est-à-dire la haute et unique raison que l'État-dieu lui-même, par la bouche d'un de ses prophètes (l'émanation la plus éloquente sortie de son cerveau ou de sa cuisse) nous révéla un jour, quand celui qui a été appelé le *fou furieux* s'écria à la tribune française : « le cléricalisme, voilà l'ennemi ! »

Cléricalisme mis pour catholicisme ou christianisme ; il a cru devoir voiler le mot, mais il n'a pu cacher la chose, personne ne s'y est mépris, les interprètes eux-mêmes du parti n'en ont point fait mystère, et les faits n'ont pas tardé à mettre en évidence la pensée du *prophète*.

Le mot de la loge maçonnique n'a pas encore osé cette fois se produire à la tribune de nos législateurs sans un euphémisme ; ainsi le voulait la raison d'État, afin de donner le change à certains esprits et de frapper plus à l'aise sur *l'ennemi.*

Plus tard, un plus grand prophète de l'État-dieu, ou plutôt sa plus haute et dernière personnification, dira ouvertement : « Le Christ voilà l'ennemi, » et il agira en conséquence. D'ici là il n'y a pas très loin, pas si loin que le commun des mortels s'imagine peut-être. Il faut avouer toutefois que notre nouveau dieu ne fait pas encore *généralement* précéder sa majesté terrible par le licteur portant la hache avec le faisceau de verges, pour châtier, et au besoin abattre dans le sang la résistance des consciences chrétiennes; non, son licteur à lui ne porte jusqu'à présent qu'une plume avec un rouleau de papier. Il y a ajouté cependant le rossignol avec la masse, l'un pour crocheter les serrures des couvents, au besoin des églises, et l'autre pour enfoncer les portes opposant quelque résistance aux *décrets.* Cela lui suffit pour *défendre la cause sacrée de la liberté,* cette cause *qui a dû être conquise autrefois, il est vrai, par... d'autres outils.*

Ce dieu prétend encore être de son siècle et vivre de son temps ; tenir compte de l'opinion, ne pas compromettre par *des violences intempestives* les succès déjà obtenus et ceux qu'on est en train d'obtenir *par la voie du progrès des idées ;* en un mot, il est *opportuniste.*

Au besoin, et selon les circonstances, l'expulsion, l'ostracisme des récalcitrants, la prison, les confiscations, les condamnations avec de fortes amendes pour les ennemis de la liberté, bien !

Des lois, des décrets supprimant peu à peu les prétendus droits de Dieu et de son Eglise, dont le *royaume n'est pas de ce monde*, très bien !

Quelques articles 7 confisquant, au nom de la liberté, les libertés les plus chères *aux cléricaux*, laissant, du moins provisoirement, au clergé le droit de prêcher dans son église sous la haute surveillance du gendarme ou du garde champêtre et de faire de l'eau bénite, parfait !

Mais de la violence, du sang, fi donc ! *ce n'est plus dans nos mœurs !* (pas même sous la Commune).

Ainsi parle le dieu dans sa haute sagesse. Mais la Révolution *pure*, cette fille du vieux paganisme mille fois plus scélérate que son père, ne peut dormir en paix tant qu'elle verra dans une église un autel élevé à Jésus-Christ, une chaire catholique et un homme qui y parle au nom de Dieu, quelque part un confessionnal et un prêtre pour s'y asseoir. La simple vue d'une robe noire l'exaspère, et pèse sur ses rêves comme un cauchemar. Aussi ne se laisse-t-elle ni convaincre par les raisonnements, ni séduire par les sourires et les courbettes du dieu-Etat moderne ;

malgré toutes ses amabilités, ses promesses, ses concessions, son encens et ses sacrifices, qu'il ne lui marchande guère cependant, elle ne se tient point du tout pour satisfaite : il faut à l'odorat de l'implacable déesse des odeurs plus fortes.

C'est pourquoi, irritée de tant de *prudence*, lassée de ces *temporisations* et impatiente d'en finir avec toute cette *prud'homie*, elle a juré de renvoyer son trop timide valet, le dieu-Etat moderne, par un coup de..... quelque chose, et de le remplacer par des ouvriers hardis à la besogne.

On sait comment elle y travaille en ce moment.

IV

LA RÉVOLUTION ET LES SOUVERAINS.

Voilà l'ennemi : quelle est la puissance qui se lèvera pour l'arrêter dans sa marche et le repousser au delà de la frontière de la civilisation ?

Voici le flot courroucé qui menace de répandre la dévastation; quel est le doigt qui, se posant sur le rivage, lui marquera une limite infranchissable ?

Quel est le roi, quel est le prince prêt à se lever et à oser dire à la Révolution d'une manière efficace : *Tu n'iras pas plus loin?*

Mais la plupart des rois et des princes ne sont-ils pas ses fils, ses initiés, ses assermentés ?

Ne les tient-elle pas, par les liens d'exécrables serments, enchaînés à ses poignards ?

Ne portent-ils par ses livrées ?

Plusieurs ne doivent-ils pas le pouvoir ou un accroissement de puissance à ses faveurs ?

Tant que la Révolution respectant leurs trônes était tout entière à la persécution de la religion catholique, ces souverains, non-seulement ont abandonné celle-ci à ses outrages, mais ils n'ont eu pour l'autre que des flatteries, que des honneurs et des faveurs; ils l'ont encouragée, rétribuée, décorée, pensionnée; enfin ils se sont faits eux-mêmes, en cette œuvre aussi impie qu'impolitique, les valets du bourreau !

Comme les malfaiteurs qui attendent avec impatience le retour de la nuit, ils se sentaient plus à l'aise à mesure que la lumière baissait, et le moment où le flambeau serait, selon un vœu exprimé, *étouffé dans la boue*, tardait à leurs désirs !

Mais voilà que, par un retour de justice trop mérité, la *bête* qu'ils avaient nourrie et déchaînée contre l'Église s'est retournée contre eux pour les dévorer.

Le dieu-serpent qu'ils allaitaient et honoraient dans ses antres ténébreux, *afin qu'il ne leur fît point de mal*, s'élançant tout à coup des cavernes qui lui servent de temple, s'est dressé sur leurs têtes et, dardant sa langue comme la lame d'un poignard, poussant un sifflement strident comme la balle, ou faisant entendre un souffle crépitant comme la flamme de l'incendie, les a effrayés. Plusieurs ont déjà été blessés et le plus puissant d'entre eux est tombé broyé.

Ces rois et ces princes qui *s'étaient levés* par la persécution, ou par des lois iniques *contre le Seigneur et son Christ pour briser leurs liens et rejeter leur joug*, les voilà qui se trouvent eux-mêmes serrés et enlacés de toutes parts dans les orbes immenses et dans les replis de fer et de feu du reptile.

Ils ont voulu un instant délibérer sur les moyens à prendre pour se défendre contre ses morsures mortelles et, se débarassant de ses horribles étreintes, échapper au péril qui les menace ; mais l'égoïsme brutal qui divise les Etats comme les individus, ne leur a pas permis de s'entendre ; et, après quelques essais infructueux, on en est demeuré au *principe de non-intervention*, chacun chez soi, chacun pour soi.

Quand il arrivera à l'un d'eux d'être victime d'un criminel attentat, les autres lui enverront leurs condoléances ; ce n'est plus qu'une habitude de mœurs à prendre avec les *jeux* de la Révolution moderne.

V

LÉON XIII ET LES SOUVERAINS.

Où est donc l'espérance du salut et le remède à un semblable mal ?

Il n'y a qu'une puissance au monde qui puisse offrir l'espérance certaine du salut, et qui possède le remède unique contre d'aussi grands maux, avec le pouvoir de l'appliquer efficacement aux plaies mortelles dont sont rongées les âmes et la société.

Ce remède est dans la foi et l'espérance certaine et positive des biens futurs, sans lesquelles le cœur de l'homme se porte en désespéré à la recherche des biens présents, prêt à obéir à toutes les passions qui les lui promettent, à prendre tous les moyens qui puissent les lui procurer, et à renverser et à broyer tout ce qu'il regarde comme un obstacle à la possession et à la jouissance de ce qu'il convoite si ardemment.

Le cœur de l'homme sans cette foi et cette espérance qui le font graviter en s'élevant toujours vers le ciel, son centre, vers Dieu, sa fin, est comme un astre qui, soustrait à la loi d'attraction par laquelle il décrivait son orbe autour de son soleil dans un si bel ordre, retomberait tout à coup en portant la perturbation et la ruine dans le monde inférieur.

Or, à qui les peuples iront-ils redemander la foi et l'espérance chrétienne, si ce n'est à l'Eglise de Jésus-Christ? Qui, hors elle, a les paroles de la vie éternelle, la parole *qui illumine les yeux, réjouit les cœurs, convertit les âmes?*

Quelle autre puissance dans le monde peut rattacher par une parole créatrice à l'astre tombé du ciel, je veux dire au cœur de l'homme, le lien de son attraction surnaturelle et le relancer de ses abîmes dans les espaces célestes?

Le premier et le plus impérieux devoir des rois et des princes est donc de favoriser, de provoquer et de seconder de tous leurs efforts le retour des peuples à la véritable Eglise de Jésus-Christ, qui seule peut les éclairer et les guérir efficacement.

Vice-rois du Roi des rois dans le gouvernement temporel des peuples, cette portion d'autorité leur a-t-elle été départie pour une autre fin que le bonheur présent et le salut éternel de ceux dont ils ont la tutelle?

Eux-mêmes seraient les premiers à recueillir les fruits précieux de la bonne volonté et des efforts qu'ils mettraient à procurer à leurs peuples la connaissance de la *vérité qui délivre.* Car, au lieu de ces explosions de haine sauvage qui ne leur laissent plus ni repos ni sécurité, leur rendent l'exercice du pouvoir extrêmement difficile et comme impossible, de plus en plus périlleux et inefficace, bientôt intolérable, ils seraient au contraire, de la part des peuples, l'objet des démonstrations les plus vives et les plus sincères de la vénération et de l'amour qui rempliraient alors les cœurs ; ce qui faciliterait singulièrement leur noble tâche et donnerait à leur autorité un point d'appui infiniment plus solide et plus sûr que tout déploiement de force matérielle.

Aussi à peine Léon XIII, glorieusement régnant, était-il assis sur la chaire de Pierre comme docteur suprême des rois et des peuples, que, sondant la profondeur du mal et la grandeur du péril, il tourna ses regards vers les chefs des nations et les avertit miséricordieusement du danger toujours croissant qui les menaçait, les conjurant, au nom de leurs plus chers intérêts et du salut de leurs peuples, de rattacher au plus tôt leur barque à celle de Pierre, s'ils ne voulaient encourir un naufrage certain dans la tempête qui s'élevait de tous les points de l'horizon.

Bientôt les sinistres éclairs d'attentats monstrueux répétés à brefs intervalles contre leur couronne et leur vie venaient leur montrer la sagesse et l'opportunité de ces avertissements et semblaient dessiller leurs yeux et leur faire voir *d'où vient le mal* et *où est le remède.*

Ils ont paru un instant le comprendre, par

l'empressement et les sentiments de reconnaissance avec lesquels ils ont accueilli l'encyclique
de Léon XIII, mais *l'esprit d'assoupissement* a de
nouveau appesanti leurs paupières, comme la
pierre d'un tombeau où un triste et morne silence
s'est assis. Faut-il espérer que « *à la fin des jours,
comme le roi de Babylone, levant franchement les
yeux vers le ciel, le sens leur sera rendu* », le sens
de la politique chrétienne qui seul peut les
sauver?

Dieu cependant, *qui ne veut pas la mort du
pécheur*, s'est obstiné, pour ainsi parler, pendant
un temps, à détourner de leur tête par une providence attentive et merveilleuse (eux-mêmes
l'ont reconnu) les coups de foudre dirigés contre
eux, du sein de la nuée orageuse, par le génie
du mal, avec une audace toujours croissante et
l'effroyable ténacité du parti pris.

Mais ni les avertissements ni la reconnaissance
ne pouvant les déterminer à sortir d'un som-
meil aussi funeste, Dieu détourna un instant la
main qui protège leur vie, et aussitôt un coup
formidable retentissait : le potentat du Nord,
Alexandre II, tombait foudroyé par les engins
infernaux du nihilisme.

Pour un peu de jours encore Dieu veut-bien
commander aux vents et à la mer, afin de laisser
à ceux qui tiennent le gouvernail des nations le

temps et les moyens de pousser leur navire au port.

Le feront-ils ? La dure leçon et l'avertissement terrible qui leur a été donné seront-ils suffisants pour inspirer une résolution qui sauverait tout, celle de *rentrer dans la voie droite, d'embrasser le Fils* (Ps. 11), *de prendre sa discipline*, comme les en avertit le Roi prophète et le modèle des rois pénitents, « *de peur*, ajoute-t-il, *que le Seigneur ne s'irrite et qu'ils ne périssent* » dans la fausse route où ils se sont égarés, et dans l'impasse où ils se sont jetés ?

Ou bien attenderont-ils le coup de foudre qui écrase, la tempête qui brise et disperse ?

Puissent-ils se convaincre cependant que, sans un retour aussi prompt que sincère, ils seront cruellement châtiés par où ils ont péché contre Dieu et contre son Eglise, et que, selon la sentence des saints livres, « ayant semé les vents, ils recueilleront la tempête », qui les emportera avec ceux qui les ont précédés et se sont obstinés dans la même voie ! Les exemples en sont encore tout récents. Plaise à Dieu qu'ils ne soient pas suivis bientôt de plusieurs autres !

VI

LA RÉVOLUTION ET L'ÉGLISE.

D'après l'exposé que nous venons de faire de l'état du monde, on peut voir qu'au milieu de cet ébranlement profond des sociétés humaines, « toutes inclinées vers leur ruine », il ne reste plus debout, toujours confiante et inébranlable, que la puissance la plus faible en apparence et la plus délaissée, contre laquelle s'arment toutes les haines, frémissent toutes les passions, et se trament les plus perfides complots, je veux dire l'Eglise de Jésus-Christ, à laquelle il ne reste plus d'autre appui, d'autre défense ni d'autre espoir, que la parole qui lui a été dite par celui qui l'a établie : « *Ayez confiance, j'ai vaincu le monde.* (Ev. S. Jean, XVI, 33.)

Quelle est en effet sa position temporelle au milieu des cours de l'Europe ?

Celle à peu près de son chef en la cour du Prétoire avec sa couronne d'épines, son roseau et son manteau de dérision ; j'allais faire un singulier anachronisme en ajoutant : et comme lui avec Pilate pour la protéger.

Car le Pilate de l'Eglise, comme celui de la Passion, depuis longtemps déjà a accompli son œuvre en se lavant les mains *coram populo* : comme l'autre aussi il est allé mourir misérablement en la terre étrangère, laissant son nom attaché au pilori de l'histoire, de même que le premier a laissé le sien cloué au pilori du *Credo* catholique. Semblable au Christ devant son peuple qui vociférait le *tolle*, l'Eglise n'a plus, en face de la Révolution triomphante, que des amis réduits, humainement parlant, à l'impuissance, et qui, prêts à combattre, à souffrir et à mourir pour elle, la suivent en gémissant sur la voie douloureuse.

Une heure passa sur le Calvaire, la plus poignante et la plus désolée, ce fut l'heure du silence et du délaissement de Dieu au milieu des blasphèmes de la multitude, des moqueries et des dérisions des scribes et des pharisiens et des cyniques insultes des bourreaux.

C'est l'heure qui passe en ce moment sur l'épouse du Christ, dont la destinée ici-bas est de retracer en elle l'image vivante des douleurs et des humiliations de l'époux avant d'en revêtir la gloire et de partager ses délices.

Ce que Jésus-Christ a dit à ses ennemis venus pour le saisir au jardin des Oliviers, il le redit aujourd'hui aux ennemis de son Eglise, aux scribes et aux pharisiens de la dernière heure et à leurs serviles valets : « *C'est ici votre heure et la puissance des ténèbres.* »

Il fut donné autrefois à cette puissance de

sceller le tombeau du Christ, afin de rendre sa résurrection plus glorieuse : jusqu'où lui sera-t-il donné en nos jours de consommer son œuvre, de perpétrer son crime contre l'Eglise son épouse ?

En ce moment les comités révolutionnaires d'Italie s'agitent et demandent impérieusement l'abolition des lois de garantie (qui n'ont jamais, que l'on sache, garanti autre chose que la spoliation et la persécution officielle du Saint-Siège) et que le Pape soit chassé de Rome et de l'Italie.

Ils taisent le reste, qu'ils n'osent demander, mais qu'ils se proposent de faire.

En France ils préparent des scellés pour les portes des églises, et des écriteaux : *Maison à louer*, pour les clouer aux portes des presbytères. C'est la besogne que la Révolution réserve à la nouvelle Chambre, qu'elle a hâte de faire sortir de la boîte du scrutin comme une surprise, afin d'achever son œuvre, espère-t-elle, avant les complications extérieures qu'elle redoute.

Ce sera la mise au tombeau.

Mais la résurrection ne se fera pas attendre.

Le Christ ressuscitera de nouveau en son Eglise, mais ressuscitera d'une manière si éclatante et si terrible pour ses ennemis que très peu y survivront ; *ils tomberont ensevelis dans la fosse qu'ils avaient si péniblement creusée, et leur iniquité descendra sur leur tête.*

Alors l'*alleluia* du triomphe retentira d'un bout du monde à l'autre.

Plus donc nous voyons les choses *humainement* désespérées, plus nous devons nous prendre à espérer en la victoire comme très prochaine, car, lorsque Dieu a jugé nécessaire au monde, comme en nos jours de profonde défaillance, de manifester miraculeusement sa puissance pour donner un nouvel éclat à la vérité de la parole qu'il a dite, et à la fidélité des promesses qu'il a faites à son Eglise, — selon une parole célèbre, « il réduit tout à l'impuissance, puis il agit ».

Nous chercherons maintenant à savoir comment il agira pour amener le triomphe de son Eglise sur la Révolution moderne.

VII

LA RÉVOLUTION NE PEUT ÊTRE VAINCUE QUE PAR L'INTERVENTION MIRACULEUSE DE DIEU DANS LES ÉVÈNEMENTS ET PAR LE CONCOURS D'UNE PUISSANTE MONARCHIE CATHOLIQUE.

Il faudrait être d'un esprit bien superficiel pour s'imaginer que la Révolution moderne peut être vaincue et renversée comme un parti par un coup d'Etat quelconque.

Elle n'est pas un parti, mais un état social.

Un coup d'Etat n'est jamais pour elle qu'une métamorphose où elle passe sous une autre forme.

Elle n'est pas non plus dans le corps social un mal qui puisse s'enlever d'un coup de sabre, mais elle est une gangrène arrivée à des profondeurs où aucun art, aucun remède purement humain ne peut l'atteindre ni retarder son œuvre de destruction.

Un plus fort qu'elle survenant (je veux dire une grande puissance catholique) pourrait bien la saisir et la terrasser en sa forme visible, et momentanément la détruire en sa vie organique extérieure, dans ses associations, ses loges, ses clubs ; *lui enlever les armes dans lesquelles elle mettait sa confiance,* la réprimer et la lier dans ses moyens d'action par le retrait de la liberté licencieuse de la presse dont elle se sert pour séduire et corrompre, et de toutes les lois plus ou moins antireligieuses dont elle use pour opprimer et anéantir toute liberté des consciences catholiques.

Mais elle a une forme en laquelle elle ne peut ni être vue ni saisie ; elle a un endroit où la main de l'homme ne saurait l'atteindre, une forteresse d'où elle ne saurait la chasser : l'esprit de l'homme, où elle continuera à vivre, à penser, à régner, où chaque jour elle amassera de nouvelles énergies, et d'où, un peu plus tôt ou un peu plus tard, elle éclatera avec une violence et une force qui se joueront de toute force matérielle et de toute organisation politique, en produisant d'autant plus de ruines qu'elle aura été plus longtemps comprimée, semblable à la 'poudre qui prend une force proportionnée à la résistance qu'elle rencontre et fait tout voler en éclats.

Car c'est une vérité malheureusement trop *vraie*, et que ne saurait nier l'optimisme le plus résolu, à savoir : que sous l'action incessante des sociétés secrètes et de la mauvaise presse, la Révolution a pénétré profondément dans l'esprit des masses, qui aujourd'hui lui obéissent aveuglément et constituent en sa main la puissance la plus redoutable dont Satan ait été jusqu'ici armé en face des peuples chrétiens énervés et affaiblis.

Il est donc évident qu'aucune force matérielle ne saurait remporter une victoire sérieuse et durable sur la Révolution, si celle-ci, saisie et détruite dans son corps par une puissance chrétienne, n'est en même temps frappée et anéantie dans son esprit et chassée des âmes comme l'esprit immonde par un pouvoir surhumain.

C'est la pensée qu'exprimait naguère au fond de son exil l'auguste représentant de la monarchie très chrétienne, lorsqu'il disait, avec cette élévation et cette netteté de pensée unie à une précision et à une beauté de langage dont il a le secret : « *Pour que la France soit sauvée, il faut que Dieu y rentre en maître, pour que j'y puisse régner en roi.* »

Mais comment rentrera-t-il en notre société moderne possédée des sept démons de la Révolution, pour la délivrer, y reprendre sa place, et rétablir ensuite par la monarchie très chrétienne le règne social de son Christ et de son Eglise ?

Il y a tout à craindre, c'est le moins que nous puissions dire, qu'il n'y rentre comme il est entré en Egypte pour délivrer son peuple d'Israël, *in manu forti, in brachio extento*, comme parle l'Ecriture : en étendant son bras pour opérer des signes et des prodiges et en appesantissant sa main par des châtiments extraordinaires et surnaturels sur Pharaon et son peuple.

Comme Pharaon, les ennemis de Dieu et de son Eglise n'ont-ils pas dit dans leurs conseils : « *Opprimamus eos sapienter. Opprimons-les, détruisons-les sagement ?*

On voit assez de quelle manière ils y procèdent et l'on sait tous les desseins qu'ils se proposent d'exécuter « *sagement* ».

Pas plus que le peuple hébreu, le peuple chrétien dont le premier fut la figure, ne saurait, sans une intervention miraculeuse de Dieu, échapper à la ruine qui le menace et faire son exode spirituel *de Ægypto et de populo barbaro.*

Le bras de Dieu serait-il raccourci à l'égard du

peuple de la nouvelle alliance ? Ou les ennemis de
ce peuple seraient-ils moins nombreux, moins
acharnés et moins puissants, le danger moins
grand et moins pressant ?

Faudrait-il donc s'étonner que dans les circonstances exceptionnellement graves où ce
peuple se trouve placé, Dieu tînt en réserve à son
égard, pour le délivrer, des moyens exceptionnellement prodigieux ?

C'est au reste le sentiment, l'affirmation et la
prédiction de plusieurs saints personnages qui ont
paru visiblement éclairés de l'esprit prophétique.

On peut souscrire à leurs oracles sans témérité ;
les événements y tournent.

Mais nous avons d'ailleurs dans l'histoire prophétique du passé *un témoignage encore plus
certain et mieux établi* pour la solution de la
question qui nous occupe. Nous y *arrêterons donc
les regards,* comme sur *un flambeau qui luit dans
un lieu obscur,* mais auquel on ne prête pas assez
d'attention.

VIII

RAPPROCHEMENTS HISTORIQUES OU L'ON APPREND
PAR L'HISTOIRE DU PASSÉ A CONNAITRE CELLE
DE L'AVENIR.

Comme les évènements de l'Ancien Testament, et les hommes qui y jouaient un rôle étaient les figures prophétiques de ceux du Nouveau, où ils devaient trouver leur parfait accomplissement; de même les évènements accomplis aux exordes de la nouvelle loi, les grands combats de l'Eglise et son triomphe final sur le judaïsme, sur le paganisme et sur l'hérésie étaient ramenés eux-mêmes, dans le plan divin où ils se déroulaient, à figurer à leur tour les luttes et les triomphes où ils doivent s'achever et se consommer à la fin des temps.

C'est le Seigneur lui-même qui nous insinue cette vérité et nous invite à cette étude, quand il compare le royaume des cieux *au grain de sénevé qui du plus petit de tous les légumes devient un arbre où s'arrêtent les oiseaux du ciel.* Ce petit légume montre dès son premier épanouissement, et surtout quand il a un peu grandi, l'image et la forme de ce qu'il sera plus tard, arrivé à son parfait développement. Ainsi en est-il du royaume des cieux, qui n'est autre que l'histoire de l'Eglise; l'on voit dans ses premières pousses, je veux dire dans l'épanouissement et l'accroissement merveilleux que lui donnent ses premiers combats et ses premières victoires, la figure et la forme des combats et des victoires où elle trouvera son achèvement sur la terre.

C'est donc dans l'intelligence de ces rapports, qu'on me permettra d'appeler historico-prophétiques, que gît la plus sublime philosophie de l'histoire, parce que le plan divin s'y révèle avec éclat, dans sa magnifique unité.

Afin donc de mettre en lumière et de faire ressortir jusqu'à l'évidence cette loi merveilleuse qui préside à l'histoire du royaume des cieux et en règle la marche et le développement à travers les siècles, nous allons faire un exposé rapide et tracer comme le tableau synoptique de l'application de cette loi aux principaux évènements.

PREMIÈRE APPLICATION.

Dès l'ouverture de la grande lutte du christianisme contre le paganisme, inaugurée par saint Pierre à Rome, on voit apparaître d'un côté deux horribles figures :

Simon le magicien, — Néron l'empereur.

Le premier armé de la puissance infernale ; le second de la puissance humaine ; tous deux ennemis du Christ.

Contre eux d'autre part :

Les deux apôtres Pierre et Paul, armés seulement de la puissance céleste. Saint Pierre par l'efficacité de sa prière précipite du haut des airs aux pieds du trône de Néron, et en présence de la cour et du peuple romain rassemblé pour ce spectacle tout nouveau, Simon qui, par l'art de la magie et avec l'aide des démons, faisait une excursion au ciel.

Néron fera mettre à mort saint Pierre et saint Paul, les deux grands témoins de l'Evangile.

Or, on a toujours vu dans cet évènement *la figure* de celui qui fermera et consommera cette lutte à la fin des temps, à savoir :

L'avènement de l'Antechrist, lequel réunira en lui et dépassera la puissance magique de Simon, avec la puissance politique et la cruauté de Néron.

Contre lui d'autre part :

Les deux grands témoins Elie et Enoch qui confondront ses faux miracles.

A la fin de leur témoignage, l'Antechrist aura puissance de les faire mourir.

Il voudra faire aussi une ascension. C'est alors, dit saint Paul, que le *Seigneur Jésus tuera l'impie du souffle de sa bouche et qu'il le précipitera vivant dans les enfers.* (V. l'*Apoc.* de saint Jean.)

SECONDE APPLICATION.

A deux siècles et demi de ce premier évènement, quand la vérité eut retenti dans tout l'univers, confirmée par les prodiges sans nombre des saints et scellée par le sang de tant de millions de martyrs, que la prédication de l'Evangile eut préparé l'abondante semence du peuple nouveau, ruiné le paganisme dans les âmes en les pénétrant des splendeurs de la foi et rendu inexcusables désormais les ennemis du nom chrétien, témoins de tant de prodiges; Dieu s'apprêtera à frapper le grand coup qui doit briser et faire disparaître le paganisme antique dans sa forme politique et son existence sociale, le coucher dans la poussière et le mépris avec ses temples, ses idoles et ses infamies, et faire monter des catacombes au sommet des sociétés le christianisme resplendissant de vérité et de sainteté.

Mais que fera Dieu pour vaincre le premier paganisme incarné dans l'empire et les empereurs romains, dans les pouvoirs et les forces publiques, dans les lois, dans les mœurs et les coutumes les plus invétérées, pour le détruire en son corps et anéantir sa puissante organisation?

Il suscitera tout à coup par un prodige la monarchie chrétienne et universelle dans Constantin le Grand.

Tout le monde en connaît l'histoire et comment, par le signe qui lui fut donné du ciel et qui devint le modèle du nouvel étendard distribué à ses troupes (le célèbre Labarum), il vainquit le tyran Maxence.

Partout où apparaîtra le nouveau signe militaire, on verra s'accomplir la divine promesse qui se lisait dans ses plis : « Par ce signe tu vaincras. » Les légions de Maxence plient, sont écrasées, et les aigles romaines éperdues fuient en désordre devant la Croix.

La victoire fut complète ; le tyran périt lui-même dans sa fuite précipitée, noyé dans le fleuve, comme autrefois Pharaon dans la mer Rouge, et Constantin entra dans Rome, précédé de la croix et béni de tout le peuple.

Il déclara bientôt, par un édit solennel, le christianisme *Religion de l'État.*

La foi de Jésus-Christ, triomphante après trois siècles de persécution, régna sur tout l'univers.

Plus tard, quand des flots de barbares versés des plateaux de l'Asie auront envahi les parties occidentales et méridionales de l'Europe et menaceront d'éteindre en son foyer même la vie chrétienne, c'est encore cette monarchie qui, relevée par Dieu et couronnée par son Eglise dans la personne de Charlemagne, arrêtera cette marche en avant de la barbarie, et, donnant des frontières à toutes ces hordes guerrières et féroces, ouvrira chez elle avec son épée la route à la Croix et fera de ces nouveaux peuples l'Europe chrétienne.

Or, qu'est devenue aujourd'hui cette Europe?

Comme nous l'avons déjà dit, le paganisme et la barbarie sous une autre forme l'ont envahie de nouveau et s'apprêtent à y étouffer toute vie chrétienne.

Dieu, qui est patient, a pris son temps largement pour éclairer les aveugles, et a multiplié comme à l'excès, pour ainsi parler, les moyens de salut; jamais le souffle de son Esprit n'avait fait germer d'un sol tourmenté cependant par tant d'éruptions révolutionnaires, de plus nombreuses et de plus admirables œuvres de propagation de la vérité, d'éducation de la jeunesse, de dévouement chrétien à toutes les misères et à tous les besoins intellectuels, moraux et physiques, de salut des individus et de restauration sociale. Cela ne suffisait pas encore. Alors Dieu eut recours pour notre société mourante aux moyens *in extremis* de sa miséricorde, à ceux qu'il a employés contre le premier paganisme pour la conversion des nations infidèles, je veux dire : les miracles.

On peut affirmer que jamais Dieu, depuis qu'il a aimé le monde au point de lui envoyer son Fils n'a traité les hommes avec autant de miséricorde qu'en nos jours.

Il leur envoie non plus du désert un prophète qui menace, un Elie qui exerce le rôle de la justice, ou même un Jean-Baptiste qui, sous la haire de la pénitence la plus austère, reprend avec force les pécheurs et leur montre la cognée déjà placée à la racine de l'arbre, mais il leur députe du ciel la très douce Mère de son Fils elle-même, la Reine du ciel et de la terre, et aussi la mère des hommes.

Dieu, qui dans les siècles passés nous parlait autrefois par des saints, nous a donc parlé en nos jours par sa Mère, qui est venue s'entretenir familièrement avec les enfants du peuple, et qui, pour triompher du cœur de ses fils ingrats et rebelles, a eu recours aux armes bien connues de la tendresse maternelle, mêlant les larmes aux reproches, aux avertissements, aux exhortations, et, s'il lui faut employer quelques paroles sévères à leur égard, leur souriant ensuite à travers ses larmes par de magnifiques promesses.

Pour preuve de sa maternelle présence et de son intervention miraculeuse, elle fait jaillir à ses pieds des sources d'eau où de nombreux malades atteints d'infirmités incurables et déclarées telles par la science, ont recouvré et recouvrent chaque année une guérison instantanée et une santé parfaite : faits si multipliés et si indéniables qu'ils autorisent à dire que jamais le surnaturel divin depuis les temps apostoliques n'avait pris une fréquence et une grandeur semblables à celles qui ont rendu pour toujours célèbres les théâtres de ses manifestations, particulièrement en France les montagnes de la Salette et la grotte de Lourdes.

Or, il ne faut pas oublier que, si le but du miracle est de « montrer à ceux qui s'égarent la lumière de la vérité, afin qu'ils puissent revenir dans la voie de la justice, son effet est, en éclairant ceux qui aiment et cherchent la vérité, » d'avengler ceux qui la haïssent et la fuient, et de les consommer dans leur malice et leur impiété ; car leur malice et leur haine s'accroissent nécessairement dans la proportion de l'évidence avec laquelle la vérité qu'ils repoussent se manifeste à leurs yeux. C'est bien ce que nous voyons s'accomplir, en nos impies et révolutionnaires modernes ; on peut dire que leur haine de sectaires s'est élevée à la hauteur du miracle, et que leur malice et leur aveuglement sont consommés ; aussi ne les voiton plus occupés qu'à préparer contre la religion les moyens de la détruire entièrement, s'il était possible.

Mais qu'on se souvienne qu'après les miracles arrive invariablement la justice, et une justice d'autant plus inexorable que la miséricorde qui la précède a été plus obstinée.

Les miracles de Moïse et d'Aaron méprisés ont

conduit Pharaon et ses troupes dans la mer Rouge.

Les miracles de Jésus-Christ méprisés ont conduit les Juifs à leur déicide, et de ce crime à l'effroyable châtiment qui, tombé sur la nation, la poursuit encore après dix-huit siècles.

Les miracles des saints méprisés ont amené sur l'empire anti-chrétien le jugement de Dieu, qui, après l'avoir décapité par l'épée de Constantin, l'a livré aux barbares, pour être piétiné dans la boue et le sang jusqu'à ce qu'il eût disparu dans la poussière.

Les prodiges multipliés en nos jours par la Mère de Dieu, et qui ont porté jusqu'aux nues l'éclat de la vérité après avoir rendu inexcusables en leur malice nos païens modernes, vont les livrer à un châtiment surnaturel qui, en rendant manifeste la main de Dieu, jettera l'effroi dans les âmes et préparera leur retour.

En même temps, la monarchie chrétienne et universelle, suscitée une première fois en Constantin contre l'empire anti-chrétien, une seconde fois en Charlemagne contre les barbares, Dieu la suscitera de nouveau en un puissant monarque contre le paganisme et la barbarie modernes.

Alors Dieu, couronnant les antiques gloires de cette monarchie et consommant ses triomphes par une victoire sans précédent, lui donnera d'anéantir toutes les forces conjurées de la Révolution, d'en renverser les œuvres et d'en effacer les ruines, avec l'insigne honneur de relever dans un éclat incomparable le règne social et universel de Jésus-Christ et de son Eglise.

TROISIÈME APPLICATION.

Trente-sept ans plus tard, alors que les chrétiens aux honneurs et dans la prospérité commençaient à déchoir de leur première ferveur, apparut Julien l'Apostat. Sa haine insensée du Christ et sa fin tragique sont connues de tous.

Il fallait encore cette figure hideuse destinée à compléter celle de l'Antechrist, comme le coup de crayon qui achève l'esquisse d'un portrait, car ce dernier sera aussi un apostat.

Comme le premier il apparaîtra après la victoire de l'Eglise sur le paganisme nouveau, alors que « la charité *d'un grand nombre se réfroidira* ».

Je ne saurais dire s'il mettra trente-sept ans à faire son entrée sur la scène.

QUATRIÈME APPLICATION.

Enfin les grandes hérésies qui déchirèrent le sein de l'Eglise, en lui enlevant en Orient et en Afrique tant de chrétientés florissantes, et qui, soutenues par des empereurs romains, firent au catholicisme une guerre aussi longue et aussi cruelle, ces grandes hérésies, dis-je, qui furent

finalement punies et broyées par la grande invasion des barbares, marquaient, préfiguraient et
préparaient la monstrueuse hérésie des derniers
siècles, le protestantisme, où toutes les hérésies
anciennes se sont réunies comme en une sentine,
et en y fermentant se sont transformées en phi-
losophisme ou incrédulité moderne, puis celle-ci
en anarchie sociale qui attaque présentement et
les empires et les royaumes, et la famille et la
propriété.

Et maintenant, de ces régions de l'erreur anti-
catholique est sortie pour la punition des Etats
et des sociétés modernes, ennemies de l'Eglise,
la *grande invasion* des nouveaux barbares, qui,
sous les noms à peine compréhensibles de socia-
listes, de radicaux, de communistes, de nihi-
listes, etc..., menacent le monde d'une grande
catastrophe et sont assurément entre les mains
de Dieu la *verge à scorpions* destinée à châtier les
nations criminelles, hérétiques, schismatiques,
révolutionnaires, et à humilier jusqu'à terre l'hypocrisie, la malice et l'impiété des ennemis de
Dieu et de son Eglise.

CINQUIÈME APPLICATION.

Ajoutons encore que plus tard, quand le schisme
grec incarné dans l'empire d'Orient eut déchiré
la robe sans couture du Christ, jeté en Europe le

ferment de la grande révolte qui éclatera au seizième siècle et poussé contre le chef de l'Eglise le cri parricide : « plutôt le turban que la tiare, » par un crime renouvelé des Juifs hurlant devant le palais de Pilate, « *non hunc, sed Barabbam* », pas celui-ci, mais Barabbas, la justice divine amena alors sur cet empire le dernier châtiment, la verge de fer la plus effroyable qu'elle eût préparée jusqu'ici pour châtier les nations devenues infidèles, elle amena l'empire de Mahomet.

Or, cet empire est venu pour être en même temps la figure la plus parfaite et la plus accomplie de l'empire antichrétien de « *l'homme de péché* », qui sera envoyé à la fin des temps pour châtier la révolte finale des peuples, dernier terme de toutes les erreurs et de toutes les hérésies, je veux dire *l'antichristianisme pur*, l'apostasie consommée des nations.

Chacun peut tirer d'autres enseignements révélateurs de l'histoire du *Royaume des cieux* ou de l'Eglise catholique ; ceux que je viens d'exposer avec le plus de simplicité et de clarté qu'il m'a été possible, suffisent cependant, en faisant ressortir la loi qui préside au développement de cette histoire, à jeter quelque lumière sur un avenir qui inquiète tous les esprits et qui est à nos portes.

Nous allons dans un dernier chapitre achever

ce qui nous reste à dire sur la question d'Occident et en indiquer la prochaine et nécessaire solution.

IX

IMPOSSIBILITÉ ABSOLUE DE RIEN ÉDIFIER DÉSORMAIS EN DEHORS DU PRINCIPE CATHOLIQUE. — COUP D'ŒIL SUR L'HISTOIRE DE LA RÉVOLUTION ET DE LA MONARCHIE CHRÉTIENNE. — LEUR RENCONTRE PROCHAINE ET CE QUI LA PRÉCÉDERA.

Dieu ne veut pas faire un replâtrage, mais une vraie restauration de la société.

Pour cela il faut que cette société soit regrattée à fond et que tout ce qu'il y a de vermoulu, de pourri, de ruiné, tombe.

C'est à quoi, avec de tout autres intentions, aura travaillé la Révolution, pour demeurer ensuite ensevelie sous les décombres qu'auront faits ses *marteaux*.

Or, aucune restauration sérieuse ne saurait avoir lieu que sur la base de la foi chrétienne catholique.

Sur quelle autre base pourrait-elle être assise désormais ? Tout manque en dehors d'elle, et il est impossible d'y asseoir le moindre édifice, pas même celui d'une société païenne, car le protes-

tantisme, puis le rationalisme né de lui, ont miné
le terrain à de grandes profondeurs, n'ont laissé à
la place des vérités premières que le scepticisme
ou la négation absolue, et ont substitué aux principes de droit naturel « le droit de la force », ou
le droit du plus fort. Un trop célèbre homme d'É-
tat à qui l'exercice de ce nouveau droit des nations a le mieux réussi en nos jours, n'a pas
craint de le proclamer avec un cynisme inconnu
jusqu'ici : « La force prime le droit. »

Le monde est livré à toutes les aventures et au
brigandage ; mais, qu'on le sache, quand ceux qui
ont pour mission de gouverner les nations pensent de la sorte, le pouvoir ne leur appartient
plus, mais il est livré avec eux à la Révolution et
à ses sicaires.

Reprenons. Sans la base d'une restauration
chrétienne par la foi, il n'y a donc plus, en face du
radicalisme absolu de la Révolution, de monarchie
chrétienne, et par là même vraiment conserva-
trice, qui soit désormais possible, praticable et
tant soit peu durable.

Or, par une conséquence inévitable et fatale,
sous cette monarchie rétablie sur la base de la foi
catholique et des mœurs chrétiennes, la société
arrive dans un bref délai à la servitude la plus
monstrueuse d'un despotisme révolutionnaire inconnu de tous les siècles passés.

Aussi toutes les visées et tous les coups de la Révolution, depuis bientôt un siècle, ont-ils été de détruire la monarchie chrétienne, de la faire disparaître du milieu des peuples et d'empêcher qu'elle ne soit rétablie.

Cette vérité nous apparaîtra avec une évidence à frapper les yeux même de M. Prudhomme en personne, si l'on peut suivre un instant la Révolution dans sa marche et l'observer dans ses agissements.

Guidée, en effet, par un instinct satanique, elle a toujours bien senti son ennemie véritable et compris l'obstacle à renverser pour parvenir à ses fins.

C'est pourquoi plusieurs années, dix ans, je crois, avant l'explosion de 1789, tenant ses assises secrètes dans les loges maçonniques réunies à Brunswick, elle décrétait froidement la mort Louis XVI.

Qu'on remarque bien que c'est à la monarchie française que la Révolution s'attaque, parce qu'elle a parfaitement compris que celle-là a toujours été la tête et le bras de la monarchie chrétienne en Europe.

Ce n'était donc pas la tête d'un souverain quelconque qu'elle se proposait d'abattre en celle de Louis XVI, mais bien la tête elle-même de cette monarchie catholique de l'Europe qu'elle voulait décapiter, parce qu'elle seule, si affaiblie qu'elle soit, est toujours la négation du principe révolutionnaire et l'obstacle à son application pratique au gouvernement des nations.

C'est pourquoi la mort de Louis XVI marque l'époque la plus néfaste de l'histoire des peuples, l'avènement de la Révolution au trône.

Celle-ci, en effet, deviendra la maîtresse plus ou moins absolue des pouvoirs publics ; son règne politique et social est inauguré.

Elle sera, il est vrai, vaincue et étouffée par le premier empire dans sa forme anarchique et sanglante, mais pour revivre et se relever en lui sous une autre forme plus noble et surtout plus puissante, sous la forme du despotisme césarien, et inoculer aux nations européennes par l'épée du nouveau maître le *virus* révolutionnaire qui doit miner leur constitution et lui préparer à elle l'empire du monde.

Après l'empire et ses ruines, et l'état désespéré où il laisse le pays, la monarchie chrétienne apparaîtra de nouveau sur le trône de saint Louis avec l'auréole du salut et de nouvelles gloires apportées par elle à la France, et l'avenir s'éclairera de douces espérances.

C'est une monarchie, il est vrai, bien diminuée, comme désarmée et les mains liées par les institutions et les *libertés* dont la Révolution a *doté* le pays, et par les mœurs qu'elle lui a déjà faites cependant, telle qu'elle est encore, la Révolution la redoute. C'est pourquoi, méditant contre elle un suprême attentat, elle résolut d'en extirper le germe et d'en anéantir la dernière espérance, en plongeant au cœur du duc de Berry le couteau de Louvel.

Mais la Providence, qui réservait cette monarchie à l'accomplissement d'un grand dessein, avait prévenu le coup : la lame régicide arrivera trop tard pour empêcher la naissance de « l'enfant du miracle ». Le nouveau Joas échappera à la fureur d'Athalie et, comme un autre Moïse, il sera soustrait *à la loi de mort* pour le salut de son peuple et la ruine de ses ennemis.

Aussi la Révolution ne désarmera-t-elle pas. Semblable à la bête fauve guettant sa proie au détour de sentiers obscurs, pour la surprendre et la terrasser d'un bond, elle ne cessera de poursuivre dans l'ombre son éternelle ennemie; elle enrôlera et excitera contre elle toutes les mauvaises passions, toutes les ambitions inavouables, cherchera à rendre son gouvernement comme impossible, puis à prendre prétexte de sa résistance pour crier à la réaction, à la tyrannie, au parjure même.

Enfin, le lendemain du jour où Charles X, vengeant en roi l'insulte faite à son ambassadeur par le

dey d'Alger, aura planté nos étendards victorieux
sur le sol africain, préparé à la France sa plus
belle colonie et rendu la Méditerranée un lac
français, la Révolution reconnaîtra ce service et
récompensera cette gloire en renversant le trône
au nom de la France dans la sanglante émeute
des trois jours de Juillet.

Charles X et son frère, cédant devant l'orage,
abdiqueront en faveur du jeune duc de Bor-
deaux, mais cette abdication sera réputée nulle.
L'émeute proclamera Louis-Philippe d'Orléans,
lieutenant du royaume, et quelques jours après
lui offrira le trône.

La Révolution, qui en 1793 trouva le père Phi-
lippe-Égalité pour escompter et voter la mort de
son parent et de son roi Louis XVI, trouvera en
1830 le fils pour recevoir de semblables mains
la couronne qu'il avait juré de conserver à son pu-
pille, le petit-fils de Charles X et l'arrière-neveu
du roi martyr.

Louis-Philippe Ier sera en effet le premier roi
couronné officiellement par la Révolution et sacré
par elle avec la boue du sang qu'elle avait faite
dans la rue : c'est son huile d'onction. On sait
comme elle traita ensuite son idole.

Charles X prendra le chemin de l'exil, emme-
nant avec lui l'enfant de France et ses dernières
espérances. Henri fermera les yeux à son aïeul et,

déposant son corps dans un sépulcre provisoire, attendra sur la terre étrangère l'heure du retour.

Dans les décrets impénétrables de la justice de Dieu, cette heure devait être un demi-siècle et plus.

La monarchie très chrétienne étant donc partie, la Révolution s'apprêtera à jouir de son triomphe. Ne rencontrant plus rien qui l'arrête sérieusement en son œuvre de démolition, elle jouera aux gouvernements d'aventures et d'aventuriers, elle jonglera avec le parlementarisme, le libéralisme, la souveraineté du peuple, le suffrage universel, etc.; elle corrompra tout, brouillera tout, ébranlera tout.

Aujourd'hui elle croit le moment venu de ne plus rien ménager et de se débarrasser de ce qui reste encore un peu debout, en frappant un grand coup qui la rende maîtresse du champ de bataille de l'Europe, pour y proclamer la République universelle... Dieu sait laquelle !

Cependant, émue profondément à la vue de cet état de choses de plus en plus lamentable, la monarchie de salut était venue naguère en son auguste chef, dont cinquante ans d'exil ont mûri et consommé la sagesse sans rien ôter à son espoir ni à sa résolution pas plus qu'à la vivacité de son amour pour la France, elle était venue, dis-je, frapper à nos portes, s'offrant à nous préserver et de plus de malheurs et de plus de ruines.

Mais elle a apparu comme un spectre et a fait peur aux intriguants de la dernière heure ; on sait comment elle fut éconduite.

Ces partisans du pouvoir avant tout, comme fin dernière de leur ambition, et non moins partisans (comme moyens d'y parvenir et de s'y conserver) des compromis, des demi-mesures, des demi-vérités, des demi-vertus, des demi-rois, et de tous les *demi* qui leur offrent la chance et la possibilité d'être au moins de moitié partout, s'ils ne peuvent être davantage, mais toujours qu'elqu'un et quelque chose, tous ces *équilibristes et ces faiseurs* ont redouté *le système politique où le Dieu rentrerait en maître et où le prince règnerait en roi*. Ils ont craint de n'y point trouver place ou de s'y trouver mal à l'aise.

Cela leur a suffi pour prêter la main à la Révolution et fermer vite le retour à la monarchie chrétienne et légitime.

Sourds à la voix du peuple quand celui-ci rappelait par instinct de conservation, par inclination de mœurs et comme par un sentiment de famille, la monarchie de ses pères, ils en ont appelé au peuple, après lui avoir persuadé que cette monarchie était impossible, en tout cas dangereuse et compromettante : le salut public, la prospérité et la sécurité du pays ne pouvaient trouver un sûr abri que sous le nouveau régime dont ils dotaient la nation.

Beaucoup d'intrigues, de paroles et de mouvement pour aboutir par la politique des expédients et des plus basses concessions à vivre au jour le jour, le plus de jours possible, et, en palliant le mal, à lui donner le temps d'exercer tous ses ravages.

Mais, quand ils eurent étalé toute leur savante incapacité et leur radicale impuissance à rien sauver, à rien édifier, la Révolution, avançant toujours, a fait disparaître tour à tour d'un coup de balai les comédiens du pouvoir qui amusaient le parterre et chassé du palais toute cette race d'eunuques politiques.

En cela elle a rendu, contre ses intentions, un éminent service à la cause de la monarchie, en lui déblayant le chemin des plus grands obstacles et de ses plus dangereux ennemis.

Monarchie très chrétienne et Révolution antichrétienne et satanique, l'une encore en exil et l'autre au pouvoir, vont se *retrouver* dans quelques mois peut-être en face l'une de l'autre pour se prendre dans une lutte gigantesque corps à corps, se livrer une bataille suprême, décisive, un duel à mort. Ce sera comme la lutte renouvelée sur la terre de Michel et de ses armées *contre le dragon et ses anges.*

Nous savons de quel côté sera la victoire.

Cependant, avant d'être vaincue et rélégnée jusqu'aux enfers, lieu de son origine, la Révolution a une mission à remplir dans la mesure que la justice et la miséricorde de Dieu jugeront suffisante et que nos démérites et notre aveuglement rendront nécessaire :

Ce sera de démontrer une dernière fois aux peuples où va une société qui a divorcé avec Jésus-Christ, et a tourné le dos à Celui qui a dit aux sociétés comme aux individus : « *Je suis la voie, la vérité et la vie.* »

Lorsque les peuples effrayés, affligés, humiliés, profondément désenchantés, auront ouvert les yeux et commencé à se tourner vers Dieu, alors Dieu, qui préparait par les tribulations le retour de ses fils prodigues, se retournera vers les peuples.

Il changera, comme il est dit dans l'Ecriture, *les foudres en pluies, et là où l'iniquité aura abondé* dans une mesure encore inconnue, Dieu *fera surabonder sa miséricorde* au-delà de toute espérance.

X

POUR RÉPONDRE A UNE OBJECTION.

Je crois devoir répondre ici à une objection qui m'a été faite plus d'une fois, d'autant mieux qu'elle contribuera à éclairer d'une nouvelle lumière la *question* que nous venons d'exposer et à préciser encore davantage le *temps où nous sommes et celui où nous allons.*

On m'accorde bien que la société ne saurait être sauvée, arrachée à la Révolution que par le plus grand des miracles. En effet, un aveugle peut sentir cela à la main.

Mais, m'objecte-t-on, vous faites là ce qu'on appelle dans le langage didactique *une pétition de principe, un cercle vicieux,* en affirmant ce qui est précisément à prouver, à savoir que le miracle se fera, et obligez Dieu, pour ainsi parler, avec une hardiesse qui semble téméraire, à une chose qu'il ne s'est jamais engagé à faire, qu'il n'a même jamais faite. Car de toutes les nations qui, après avoir *été illuminées une fois* par la foi, sont ensuite retombées dans l'infidélité, on n'en a pas encore *vu une seule* rappelée par la miséricorde de Dieu à la vraie foi et *renouvelée par la pénitence !*

A cela je réponds :

C'est vrai. Et cet terrible leçon de l'histoire jointe au spectacle des défections présentes au sein des peuples catholiques a porté un grand nombre de bons esprits à douter du salut de la société par une restauration chrétienne et les a inclinés à penser qu'il n'y avait plus à attendre que l'apostasie finale et le règne de l'Antechrist qui en sera le couronnement et le châtiment.

Mais on se verra contraint avec bonheur d'abandonner ce sentiment, si l'on fait attention aux considérations suivantes :

Je ferai remarquer d'abord que presque les deux tiers de l'Europe et la France en particulier ont conservé la foi catholique, l'ont défendue au prix des plus grands sacrifices contre la grande défection du seizième siècle et l'ont gardée pendant plus de trois siècles jusqu'en nos temps envers et contre tous les efforts de l'enfer.

Assurément cette foi a subi aujourd'hui dans les masses une défaillance considérable, mais qui n'est pas encore *généralement*, on l'avonera, l'infidélité, l'apostasie proprement dite.

Je crois être dans le vrai en disant que, selon la comparaison de l'Ecriture sainte, l'état actuel des peuples catholiques est celui du « *roseau à moitié brisé et de la mèche qui fume encore* ».

Les nations catholiques, malgré leurs défaillances, ont donc l'honneur et le mérite d'avoir conservé, au milieu de l'*infidélité*, la foi qui *fait les nations guérissables*.

C'est pourquoi Celui dont il est écrit que « *Il n'achèvera point de briser le roseau à demi rompu, ni n'éteindra point la mèche qui fume encore,* » étendra sa main miséricordieuse pour guérir *la brisure de son peuple,* et enverra le souffle de son esprit pour rallumer le flambeau presque éteint.

Si, par un miracle éclatant, il a suscité autrefois Jeanne d'Arc pour délivrer la France de l'invasion des Anglais, il suscitera un autre bras et fera tous les miracles nécessaires, n'en doutons pas, pour délivrer la France et les peuples catholiques d'une invasion bien autrement périlleuse. Si elles ont bien démérité depuis, elles ont encore plus mérité.

En effet, ce sont les nations catholiques et la France en particulier qui n'ont cessé d'envoyer leurs apôtres, de verser leur sang et leur or pour la propagation du règne de Dieu dans les contrées infidèles, et dans ce tribut de la charité la France est, à elle seule, pour plus des deux tiers, sinon des trois quarts.

Et les nations catholiques, et la France en particulier malgré son écrasement, n'ont point défailli en cette œuvre de foi et de charité apostoliques.

Or donc, *outre que la charité couvre la multitude des péchés,* « à qui cherche à établir le règne de Dieu, le règne de Dieu est acquis avec le surcroît des biens présents ».

C'est une vérité de l'Evangile.

Dieu rendra donc aux nations demeurées encore

catholiques, avec le don renouvelé d'une grande foi, une grande prospérité sur la terre.

De plus, l'objection elle-même à laquelle nous répondons se retourne contre ceux qui la font.

« Nous allons, disent-ils, au règne de l'Antechrist, » c'est-à-dire à ce que l'Ecriture appelle « *la grande tribulation*, » à la suprême épreuve de la foi, etc.

Je l'accorde ; mais un sage et prudent souverain qui prévoit une guerre formidable à soutenir, n'emploie-t-il pas tous ses soins à reconstituer et à accroître ses forces, à mettre en état et à multiplier ses places de défense, à exercer et à discipliner ses troupes, à remplir ses trésors, à préparer en un mot tout ce qui peut lui assurer davantage la victoire sur son ennemi avec le moins de pertes possible ?

Il entre donc *indubitablement* dans les desseins de la divine sagesse d'amener une restauration chrétienne des peuples et de retremper les âmes dans la foi des martyrs avant le combat formidable qu'elles seront appelées finalement à soutenir.

Enfin, si la conviction n'était pas encore faite entièrement dans les esprits de ceux qui désespèrent, elle devrait s'achever, il me semble, par une dernière considération tirée de la loi de justice et de logique qui préside aux destinées des peuples et se manifeste dans toute leur histoire, je veux dire *la loi du talion*, en vertu de laquelle *les nations sont châtiées ici-bas par où elles ont péché.*

Or notre société moderne, par l'hérésie, par le schisme, par la révolution et par le mépris des lois de Dieu et de son Eglise, s'est rendue coupable de la plus criminelle révolte et de la plus grande anarchie religieuse qui se soient jamais vues sous le soleil.

Sa peine du talion sera donc d'être livrée quelques moments au moins à la plus criminelle révolte et à la plus grande anarchie qui se soient jamais vues parmi les nations.

Alors Dieu, qui, par une loi de miséricorde suivant invariablement celle de sa justice, frappe pour guérir et ramène toutes choses à leur fin, qui est l'exaltation de son Eglise et *la consommation de ses élus ;*

Dieu, après s'être servi de l'anarchie révolutionnaire comme d'une verge de fer pour punir et briser la rébellion des peuples, anéantir le schisme et l'hérésie et humilier dans la poussière les puissances qui se sont élevées contre son Eglise ;

Dieu, disons-nous, suscitera la monarchie très chrétienne et universelle pour arracher les nations à leur sanglante anarchie et *ramener avec la religion l'ordre et la paix*, et c'est la France qui a été prédestinée à cette œuvre.

Cette guerre lui a été prophétisée et comme figurée quand Dieu appela de cette terre élue Constantin le Grand pour abattre l'empire païen universel et arborer la croix sur ses ruines.

Bientôt Clovis fera de son peuple le premier peuple catholique, le soldat du Christ et le défenseur de son Eglise.

Puis apparaîtra la grande figure de Charlemagne, qui fera l'Europe chrétienne.

Un prince de même origine et du sang de saint Louis et de Henri IV va être appelé à restaurer et à consommer cette œuvre immense.

Comme à Constantin un *labarum* lui sera donné, sur lequel brillera le nouveau signe de la victoire :

Le Sacré-Cœur de Jésus, source et vivant symbole de la miséricorde, qui doit encore une fois sauver le monde, et rendre merveilleusement *féconde la vieillesse de l'Eglise.*

Ce drapeau lui assurera la victoire sur la Révolution, ce paganisme nouveau avec ses hordes sauvages.

Il arrachera l'Occident à l'hérésie et l'Orient au Croissant pour les donner à l'Eglise de Jésus-Christ.

En ces jours-là, l'Eglise de Dieu, dans une joie indicible et l'hosanna de son triomphe, étendra sa main bienfaisante sur cette vaste unité chrétienne ; car il n'y *aura plus qu'un bercail et un unique pasteur*.

Les derniers temps seront proches.

Plus d'autre restauration ni d'autre règne entre celui de la monarchie chrétienne et l'avènement de l'Antechrist.

Quand les peuples, *comme le chien qui revient à ce qu'il avait vomi*, auront repris leurs premières voies, en s'y enfonçant plus qu'auparavant et se seront rendus indignes d'une domination toute paternelle comblée par Dieu de grâces et de prospérité, *leur dernière peine du talion* sera de tomber sous la domination la plus despotique, la plus humiliante, la plus cruelle et la plus calamiteuse qui fût jamais et offrira sur la terre l'image de l'enfer.

Ce sera alors la dernière *épuration* des nations avant celle du feu.

LA QUESTION D'ORIENT

I

ESPÉRANCES DES JUIFS. — LE MESSIE QU'ILS ATTENDENT.

Réunir en son antique patrie ses membres dispersés, fouler de nouveau cette poussière sacrée où dorment ses pères, rentrer en possession de cette terre des prodiges et s'y reconstituer en corps de nation, fut toujours pour le peuple d'Israël une inclination aussi forte et aussi indestructible que sa race, son aspiration suprême, son espérance invincible et le but constant de ses efforts.

Les Juifs célèbrent, le 20 avril, le jour anniversaire de la sortie d'Egypte des Israélites leurs pères. Or, ce peuple qui rêve un autre exode et s'y prépare, quoique disséminé sur toute la terre depuis bientôt deux mille ans, « le soir de ce même jour, à la même heure, soudain se lève comme un seul homme. Il saisit la coupe de bénédiction placée devant lui, et, d'une voix fortement accentuée, il redit par trois fois le magnifique toast que voici : *L'année prochaine dans Jérusalem !* » (Archives isr. 1864.)

« Jérusalem, dit le grand rabbin Isidor, est pour toutes les nations la ville des souvenirs, elle est pour nous à la fois la ville du passé et de l'*avenir*. Notre rituel ordinaire et extraordinaire toujours nous parle de la *Mère Patrie ;* en nous levant, en nous couchant, en nous mettant à table, nous invoquons notre Dieu pour *qu'il hâte notre retour à Jérusalem, sans retard et de nos jours !* » (Arch. isr. 1864.)

Bien entendu qu'à cette espérance de retour se trouvent indissolublement liées la foi et l'attente du Messie, comme à l'effet l'idée de la cause. Car, d'après l'enseignement talmudique, c'est le Messie lui-même, celui qu'ils attendent toujours, qui aura mission de délivrer Israël dispersé ; de l'affranchir de la captivité dans laquelle le forcent de gémir les nations, et de le ramener « dans la *Terre Sainte après avoir défait Gog et Magog* », c'est-à- dire, comme il est écrit en toutes lettres dans le commentaire des sages et des maîtres de la synagogue : *Après avoir exterminé les Chrétiens et les Gentils.* »

Alors le peuple élu réédifiera Jérusalem et son temple, et son messie rétablira et consolidera « *un règne temporel dont la durée sera celle du monde* ».

. . . . . Toutes les nations seront assujetties aux Juifs, et les Juifs disposeront à leur gré des individus qui les composent et qu'ils auront laissés vivre, et naturellement de *tous leurs biens.*

C'est toute la rédemption qu'attend Israël de son messie ; car le Juif, où se perpétue l'infidélité pharisaïque et sa haine du Christ-Dieu, croit que le Messie sera un simple mortel, issu du sang de David, qui entre autres rares vertus *sera doué d'un odorat si fin qu'à l'aide de ce sens il discernera toutes choses*. . . Cependant *il n'atteindra pas à la perfection de Moïse.* Voilà pour son *nez* ; quant à ses mœurs : *il épousera plusieurs femmes,* etc.

Chose remarquable, l'idée que les Juifs se forment de leur futur messie est tout à fait, sous beaucoup de rapports, celle que l'Écriture nous donne de l'Antechrist ; aussi sommes-nous avertis (Év. S. Jean, chap. v, 13) que le grand nombre d'entre eux admettront l'Antechrist pour le Christ véritable.

Telles sont encore aujourd'hui, aussi vivaces qu'au premier siècle de sa dispersion, la foi et l'attente de ce qui forme le noyau indestructible de la nation et son immense majorité. Ce troupeau reste aveuglément fidèle à ses traditions messianiques et à ses rabbins, qui, fort prudemment, avec le docte Arbane à leur tête, ont décrété l'anathème contre quiconque aurait la présomption de fixer désormais une date à l'arrivée du Messie. Qu'il leur suffise de voir apparaître en son temps ce triomphateur futur, cet illustre restaurateur d'Israël. (Voir *Harmonie de l'Eglise et de la Synagogue*, et la deuxième lettre du rabbin converti Drach.)

Cependant un grand nombre des moins aveugles et des moins obstinés, surtout en notre siècle, considérant que ce personnage « a laissé passer sans se montrer toutes les époques que les rabbins ont trouvées au bout de leurs nombreuses supputations, se sont découragés ; » leur foi sans cesse déçue s'est fatiguée. Alors les uns sont allés sous le souffle de la grâce demander la plénitude de la vérité au catholicisme, et le repos de l'âme au vrai Messie adoré par les chrétiens, dans lequel ils trouvaient fidèlement accomplies toutes les circonstances de temps et de choses prédites par leurs prophètes. Les autres ont adopté une sorte de protestantisme tout philosophique, qui, en les délivrant de toute *croyance positive*, ne leur demandait pas plus de *morale*. D'autres enfin ont préféré se noyer dans une indifférence absolue, pensant y trouver un meilleur rafraîchissement ; mais ceux-ci et ceux-là, je veux dire les *philosopho-protestantiseurs*, ne forment qu'une minorité infime et sans consistance, flottant à la surface de la nation.

Toutefois que l'on ne se méprenne point sur les

sentiments du Juif qui bonde dans le protestantisme ou l'indifférentisme; il ne faudrait pas
gratter bien avant pour y retrouver le vrai Juif
prêt à se lever et à accourir à la voix de quelque
puissant ambitieux qui lui offrirait l'espoir de
s'affranchir, et à l'acclamer comme son messie.

II

PÈLERINAGES JUIFS. — NOUVELLE QUESTION ORIEN-
TALE QUI COMMENCE A INQUIÉTER LA POLI-
TIQUE ANGLAISE.

Le but constant poursuivi par Israël est donc
de réaliser ces espérances et de s'ouvrir à travers
les flots des peuples une nouvelle voie pour rega-
gner *la Terre promise*.

Or, un des moyens les plus puissants, selon les
Juifs, pour préparer leur retour à Jérusalem, *est
l'organisation de pèlerinages de plus en plus
nombreux et fréquents dans la Ville sainte*. C'est
même à ce moyen que leur rituel a rattaché *l'espoir de la restauration d'Israël*, ainsi qu'il est dit
dans *la prière de Moussaph pour les trois fêtes*,
dont tant de milliers de bouches se font les échos
en ces solennités.

Aussi cet enseignement de leur rituel, qui est
pour eux comme un précepte sacré, est-il mis en

pratique sur une large échelle. Il paraît qu'en
nos jours ces pèlerinages (qui déguisent le véritable retour d'un grand nombre de Juifs dans la
Judée) devenant *de plus en plus nombreux et
fréquents*, jettent leurs pèlerins par masses si
considérables à Jérusalem, que la politique d'une
puissance particulièrement intéressée à tout ce
qui se fait en Orient a commencé à s'en s'émouvoir.

Nous lisons en effet dans une correspondance
anglaise du journal l'*Union*, datée du 16 avril
1879, ces paroles dignes d'attention, avec les
réflexions qui suivent :

« Il est un fait considérable qui passe inaper-
« çu sur le continent, mais duquel on commence
« à se préoccuper beaucoup en Angleterre dans
« certaines régions : *c'est le retour en masses con-
« sidérables de Juifs à Jérusalem*. Mais ce n'est
« pas tout. Un plan fort important est en ce mo-
« ment sur le tapis et préoccupe l'attention des
« hommes d'Etat. En présence des embarras
« pécuniaires dans lesquels la Turquie est plon-
« gée, des financiers israélites auraient proposé à
« la Porte le rachat de la Palestine. Toutefois la
« réalisation de ce plan rencontre des obstacles
« sérieux ; les difficultés politiques sont moins
« grandes encore que les difficultés religieuses.
« La moindre de celles-ci n'est pas la répugnance
« qu'auraient les Turcs à renoncer à la mosquée

« d'Osmar (*bâtie sur l'emplacement du temple*
« *de Salomon*), le plus vénéré de leurs temples
« après la Kasbah de la Mecque. »

C'est toujours la question orientale, mais qui
tend à renaître sous une autre forme bien autrement redoutable que toutes celles qu'elle a pu revêtir jusqu'ici. Car du jour où les Juifs pourraient
faire aboutir leur dessein et, rappelant leurs in-
nombrables phalanges dispersées dans le monde
entier, se réunir de nouveau en corps de nation
dans la Palestine, relever les ruines de leur capitale, rebâtir Jérusalem, l'équilibre politique des
nations, qui ne tient déjà plus à rien, serait entièrement rompu ; tout se précipiterait, attiré par une
force invincible, vers ce nouveau centre du monde,
d'où l'on verrait bientôt surgir l'empire universel des Juifs, c'est-à-dire l'empire antichrétien
par excellence, réunissant dans la main d'un
seul homme tout pouvoir politique et religieux
et tenant sous ses pieds les peuples séduits ou
écrasés.

Assurément, les hommes d'Etat d'Angleterre,
malgré la haute perspicacité qui les distingue, ne
se placent point dans cette question à un point de
vue plus élevé que celui de l'intérêt national ; ils
ne sont mus, dans le fait qui les préoccupe, que
par la crainte assez fondée d'un nouvel Etat possible, ou même en voie de formation, qui peut
surgir des complications actuelles; et, dans un

avenir peu éloigné, devenir un émule, bientôt un adversaire beaucoup plus redoutable que la Russie, de la puissance et de l'influence anglaise en Orient.

En effet, si l'on considère d'une part les immenses richesses du Juif, ses comptoirs sans nombre, son crédit illimité, sa vaste intelligence des affaires, son habileté politique, la ténacité de son caractère, son ambition sans bornes et son fanatisme religieux ; de l'autre, la position géographique incomparable de la Judée, qui, en lui ouvrant l'Occident par un littoral très étendu et bien fortifié sur la Méditerranée, lui permettrait de prendre à Suez la clef des Indes et de l'extrême Orient, on ne saurait voir, il faut l'avouer, d'un œil indifférent, surtout dans un pays où règne un esprit politique si éminemment pratique, ce grand mouvement qui emporte par *masses considérables* le peuple juif à Jérusalem, pendant que ses banquiers, armés de leur terrible passe-partout, essayeraient de crocheter la Sublime Porte, afin de rentrer par elle en la pleine possession de l'héritage de leurs pères et de reconstituer au milieu des peuples nouveaux leur antique nationalité.

III

LE JUIF ET LE PRINCIPE DES NATIONALITÉS. —
LE JUIF ET LA PRESSE. — LE JUIF ET L'AR-
GENT.

Toutefois, la diplomatie anglaise voit à cette
restauration *des obstacles sérieux*, mais les *difficultés politiques* lui paraissent *moins grandes* que
les *difficultés religieuses*. Beaucoup moins grandes
en effet, car il suffit de considérer l'état politico-
social où est arrivé le peuple juif et la place qu'il
a conquise au milieu des peuples chrétiens pour
comprendre que des difficultés purement politiques ne sauraient opposer désormais un *obstacle
sérieux* à ses desseins.

N'est-ce pas au contraire la politique actuelle-
ment en usage qui est bien plutôt faite pour les
favoriser ? N'a-t-elle pas admis dans son *droit
international* et écrit déjà avec des flots de sang
sur les champs de bataille, son fameux *principe
des nationalités ?* Or, si en vertu de ce principe
dont je n'ai pas à discuter ici la valeur, on reconnaît aux peuples de même langue ou de même
origine le droit de s'appartenir et de s'unir ensemble sous la même puissance, on le droit pour
le plus fort de les arracher à leurs souverains lé-
gitimes, sous prétexte de les rendre à leur *nationalité*, qui jamais de tous les peuples saurait avoir

autant que la nation juive le droit de bénéficier de ce principe ?

Elle surtout, qui en se retirant dans son petit coin de terre n'accroîtrait pas une puissance au détriment d'une autre, et sans affaiblir sensiblement par la soustraction de ses membres les forces vives d'aucun Etat, apporterait par sa disparition du milieu des peuples où elle exerce sa sordide usure un grand allégement. Ceux-ci, loin de se plaindre de son départ, béniraient au contraire son nouvel exode comme un immense bienfait, dussent-ils être grevés de tous les frais de déménagement.

C'est pourquoi, de par les principes mêmes de la politique en vigueur, c'est le droit incontestable des Juifs d'être rétablis dans leurs foyers. S'ils se levaient pour revendiquer leurs droits devant l'*aréopage* des peuples, la politique moderne ne saurait le leur dénier sans se renier elle-même (ce qui l'embarrasse peu il est vrai) et s'armer contre eux du *droit du plus fort*, assez du reste à son usage quand elle trouve l'un ou l'autre contraire à ses intérêts présents ou futurs.

Mais je le demande (et c'est maintenant que nous allons mesurer le chemin parcouru par le Juif pour atteindre le but de ses constants efforts), quel est le Pharaon moderne qui oserait se brouiller avec la portion de ses sujets composée des fils de Jacob, et s'opposer à leur sortie d'Egypte pour se rendre en leur *terre promise*, si un jour ils se levaient à l'appel de quelque faux prophète ?

La machine gouvernementale de l'Etat n'est plus mise en mouvement que par deux leviers : l'opinion et l'intérêt. Les principes du juste et de l'honnête en ont été écartés comme des rouages inutiles et gênants.

Or, le premier de ces deux leviers, l'opinion, n'est mû à son tour que par la presse, et la presse, qui l'ignore ? à l'exception d'un petit nombre de feuilles catholiques ou indépendantes, est tout entière, ou du moins dans la plus grande somme de sa puissance, entre les mains des Juifs.

Le personnel de ces organes de l'opinion publique n'est plus que le *serf* moderne attaché à la *glèbe* du chiffon, et passant avec la propriété du journal à quelque seigneur individuel ou collectif de la finance, lequel, quatre-vingt-dix-neuf fois sur cent, est le Juif en personne ou en écus.

Il y a l'autre levier, d'un effet non moins considérable, l'intérêt, qui est encore entre les mains des Juifs. Sucée par l'usure, due à la fraude ou acquise légalement, on ne peut nier que la meilleure part des richesses du monde, *son plus bel or*, est dans la banque juive.

C'est à ce nouvel autel du Veau d'or que, à l'exemple de ces nombreux fils de famille émancipés du contrôle paternel et de bien autre chose, les Sociétés et les Etats, toujours honteusement à

court d'argent, vont se prosterner avec leurs li_
vres de prières à la main, c'est-à-dire leur bud-
get en déficit.

Et le grand prêtre de la finance, agréant leurs
vœux et exploitant avec une habileté consommée
les besoins impérieux des uns et des autres, leurs
nécessités présentes, leurs embarras ou même les
désastres financiers, tire de son portefeuille une
large bénédiction qui les sauve de la banqueroute,
en accroissant leur dette pour l'avenir, et les ar-
rache du bourbier pour les y enfoncer plus avant.

C'est pourquoi ces pieux fidèles sortent du temple de la Fortune de plus en plus engagés par la
reconnaissance sensible... qu'ils ont laissée avec
leur signature et leur liberté entre les mains de
l'hiérophante.

Mais on ne saurait se flatter de connaître *son
juif,* ni l'étendue de la puissance politique qu'il
exerce dans les Etats, de son influence morale
sur les sociétés, si on s'arrête seulement à ne considérer en lui que le côté du journaliste ou du
financier ; pour comprendre quelle est la place
qu'il occupe aujourd'hui dans le monde et la part
qui lui revient dans les événements qui en ont
changé la face et qui menacent encore de le boule-
verser de fond en comble, il faut le voir sous le
profil qu'il cache avec soin dans l'ombre et où se
révèlent ses véritables traits.

Nous allons l'éclairer, en y projetant quelques

jets de lumière tout à fait propres à le montrer sous
son vrai jour ; c'est-à-dire à faire connaître le
juif franc-maçon, le grand fauteur et meneur de
la révolte des nations *contre le Seigneur et contre
son Christ.*

IV

LE JUIF ET LA JUDAISATION DES PEUPLES MO-
DERNES. — SOLUTION DES DIFFICULTÉS POLI-
TIQUES.

Après le concours d'une providence toute
spéciale, l'unique secret de la conservation merveilleuse du peuple juif malgré son universelle
dispersion depuis tant de siècles, est la foi inébranlable en son futur messie, et en sa future
destinée par ce messie, qui, à leur compte, comme
nous l'avons dit plus haut, doit leur soumettre
toutes les nations et faire d'elles un immense
peuple d'esclaves uniquement employés à servir
les Juifs et à les gorger de richesses et de plaisirs.

La pudeur empêche d'entrer dans le détail des
félicités promises dans le Talmud aux Juifs de
ces heureux âges. C'est bien là au fond le messie
et la félicité que désiraient leurs pères, et c'est
pour cela qu'ils méconnurent et rejetèrent le vrai

Messie, venu pour réformer leur cœur et les conduire par le détachement des biens présents à l'a-
mour et à l'acquisition des biens célestes.

Il est vrai que certains libres penseurs juifs de
nos temps, ainsi que nous l'avons déjà noté, laissant la tradition de leurs pères et l'enseignement
talmudique, ne croient plus à l'avènement d'un
messie *personnel;* cependant, généralement, ils
ont conservé foi à un messie idéal ou collectif, c'est-
à-dire à un messie-nation, soit au rôle domina-
teur que leur nation, selon eux, est appelée à
prendre finalement sur la scène du monde. Mais
comme les grands changements qui s'opèrent
dans l'histoire des nations sont toujours rattachés
aux destinées d'un homme extraordinaire suscité pour cela dans son temps, cette dernière caté-
gorie de Juifs philosophes ne sera jamais éloignée
de reconnaître et d'adopter pour son messie un
personnage entouré de prestige, et qui, en flattant
leur orgueil et leurs rêves, ferait briller à leurs
yeux l'avènement de leur nation à l'empire universel, car il n'ambitionne rien moins que de
succéder dans le monde à l'empire romain, d'être,
dans un sens encore bien plus étendu et plus parfait, le *peuple-roi,* et même le *peuple-pape* des
nations.

« Il est nécessaire, écrivait l'un d'eux (Arch.
« isr. 1864, Lévy Bimj), de voir bientôt le peuple
« juif constitué en tribunal suprême, juge en der-

« nier ressort des démêlés entre nations et dont
« la parole fasse loi. Et cette parole, c'est la pa-
« role de Dieu prononcée par ses fils aînés les
« Hébreux, et devant laquelle doivent s'incliner
« avec respect tous les puînés, c'est-à-dire l'uni-
« versalité des hommes, nos frères, nos amis, nos
« disciples. » « Nos frères, nos amis », Dieu sait
comme! « Nos disciples », malheureusement disciples trop dociles de semblables maîtres, comme
nous allons le montrer.

Ainsi donc, Juifs philosophes et Juifs croyants,
portés d'un même esprit, tendent au même but et
travaillent à la même œuvre, qui est de préparer
l'avènement de leur nation.

Tant qu'a subsisté parmi les peuples de l'Europe la grande unité catholique, le Juif était
comme réduit à l'impuissance et obligé de rester
à la place que sa tache de sang lui avait assignée
au milieu des nations chrétiennes.

Mais les temps ont bien changé. La grande révolte contre l'Eglise, inaugurée par Luther, a
brisé cette unité et fait pulluler de ses ruines des
milliers de sectes, d'où devaient naître, par une
conséquence aussi logique qu'inévitable, l'incrédulité et l'athéisme modernes.

Ce fut alors que le Juif, avec la perspicacité et
la clairvoyance dont il est doué, jugea qu'une ère
nouvelle venait de s'ouvrir pour lui, l'ère de ce
qu'il appelle *son émancipation*, que l'heure du rôle

souverain qu'il rêve avait sonné pour sa nation. Sortant donc de son Talmud et se levant de ses comptoirs, il commence avec l'habileté perfide, l'astuce profonde et le prosélytisme ardent qui le caractérisent, à exploiter les divisions religieuses des peuples chrétiens et à inaugurer leur *judaïsation*.

Les judaïser, c'est-à-dire les déchristianiser politiquement, socialement, individuellement, abaisser par là toutes les barrières des lois chrétiennes qui l'éloignaient des charges, des emplois et des pouvoirs publics ; et, après avoir corrompu, divisé, émietté les sociétés humaines, les dominer et les diriger secrètement à l'accomplissement de ses desseins, s'ouvrir enfin au milieu d'elles une voie sans obstacle pour ressaisir l'objet de ses éternelles espérances, de ses soupirs les plus ardents, et se préparer, dans les peuples matérialisés et abêtis, les complices et les dupes de son triomphe.

Or, pour arriver plus complètement et plus efficacement à cette conquête judaïque, il fallait former des armées actives, bien dressées et fortement disciplinées.

La franc-maçonnerie sera l'école et le champ de manœuvre où se prépareront, dans le mystère, les armées antichrétiennes.

Le nom de cette école est tout moderne, mais ancienne est la chose. Elle a son origine dans la *grande cabale* juive, cette association ténébreuse où les Juifs, reprenant l'œuvre de leurs pères commencée à l'ombre du Temple contre la personne du Christ, n'ont cessé de conjurer contre l'Eglise et de poursuivre le Chef dans ses membres. C'est de cette officine, véritable vestibule de l'enfer, que sont sortis ces crimes et ces profanations sans nombre, qui ont épouvanté le monde, comme les échos prolongés et multipliés à travers les siècles des scènes du prétoire et du Golgotha.

Aussi a-t-on vu cette grande association cabalistique apparaître tout à coup dans le monde au moment où, nous l'avons déjà dit, le protestantisme, cette insurrection des peuples chrétiens contre l'Eglise, vint briser l'unité religieuse des nations et préparer leur apostasie.

Cette société occulte et antichrétienne, la première église de Satan, mère et maîtresse de toutes les églises semblables, appela en son sein tous les ennemis de Dieu et de son Christ; elle se recruta des mécontents de tous les cultes, tendit les bras à toutes les révoltes, à toutes les haines antireligieuses et à toutes les ambitions malsaines.

Prenant toutes sortes de formes et de symboles, elle alla se multipliant partout, et par ses différentes loges, qui s'élèvent aujourd'hui au nombre de *quinze mille* au moins, elle enlace, comme dans les mailles d'un immense filet, les deux hémisphères.

Cette *Église universelle* d'un nouveau genre, que dans son dernier effort et son plus beau succès le *singe de Dieu* a établie pour l'opposer à la véritable, compte, d'après un dernier recensement, plus de quinze millions d'adeptes, non compris les franc-maçonnes, dont je ne puis connaître le nombre. Celles-ci, entre autres emplois dignes de la secte, ont pour mission spéciale de voler la sainte Eucharistie par des communions feintes et sacrilèges, afin de livrer les saintes espèces aux mains des sectaires réunis *ad hoc* dans des conciliabules secrets, où se commettent journellement, contre l'auguste sacrement du Corps de Jésus-Christ, les plus abominables profanations.

Et, chose horrible à dire, il n'y a pas en France de ville au moins un peu importante où cette *juiverie pure* ne soit organisée et ne fonctionne.

Quand il n'y aurait que ce trait pour révéler la véritable origine de la franc-maçonnerie, la ressemblance de la fille suffirait à en faire connaître le père.

Je ne veux pas dire que toutes les loges, ou même la plupart d'entre elles, soient de sang juif, loin de là. Le plus grand nombre sont d'origine chrétienne, et longtemps encore elles ont tenu à conserver cette physionomie en excluant le Juif de leur sein ; mais elles n'en étaient pas moins comme autant de branches entées sur le figuier maudit de la synagogue et nourries de sa sève ; aussi arrivèrent-elles à perdre leur physionomie propre en admettant indistinctement le Juif et le non Juif.

Aujourd'hui le Juif n'est exclu d'aucune loge ; mais il existe d'autres loges dans lesquelles les non-Juifs n'ont point d'accès.

« A Londres, où se trouve, comme on sait, le foyer de la Révolution, il existe deux loges juives qui ne virent jamais le chrétien passer leur seuil. C'est là que se concentrent et s'organisent tous les éléments révolutionaires qui convent et font éclosion dans les loges chrétiennes.

« Une loge semblable, composée entièrement de Juifs, où se réunissent tous les fils des trames révolutionnaires ourdies dans les loges chrétiennes, est aussi établie à Rome, où elle est le suprême tribunal de la Révolution. De là sont dirigées les autres loges comme par des chefs secrets, de sorte que, de l'aveu même des Juifs, *la plupart des révolutionnaires chrétiens ne sont que des marionnettes mises en mouvement par les Juifs au moyen du mystère.* (V. le *Monde*, 5 nov. 1862.)

La cabale juive fut donc comme le levain qui, mêlé partout à la masse des nations en révolte contre l'Eglise, y jeta le ferment des sociétés secrètes et produisit la franc-maçonnerie moderne, cette *juiverie artificielle* recrutée d'hommes étrangers à la race juive et surtout de chrétiens.

Comme personne ne l'ignore, les membres des associations franc-maçonniennes ne se composent pas seulement de gens du peuple, de la classe ouvrière, de prolétaires, mais d'une multitude d'hommes riches, d'une condition élevée, de la classe dirigeante, ceux-là mêmes qui sont placés au sommet de la hiérarchie sociale, de détenteurs du pouvoir, et de beaucoup de princes du sang, y compris même plus d'une tête couronnée.

La plupart de ses adeptes, dit-on, ne lui supposent peut-être qu'un but innocent, tout humanitaire, du moins à leur point de vue. Cependant ils ne peuvent guère ignorer que leur association ténébreuse est hostile à toute religion positive et révélée, et sous l'anathème de la religion catholique.

Au reste, chacun obéit à un esprit. N'est-ce pas en obéissant à un esprit secrètement ou ostensiblement hostile à la religion, à la morale chrétienne, que l'immense majorité de la secte s'en est allée, comme l'Écriture le dit de Judas : *in locum suum*, en sa place, est entrée au *conseil des impies* et a quitté la chaire de la vérité pour se grouper autour de la *chaire de pestilence?* Il est juste qu'ayant rejeté de leur conscience le *joug* de Jésus-Christ, *qui est doux*, et *fait trouver aux âmes leur repos*, et foulé aux pieds les engagements les plus sacrés de leur baptême, ils soient tombés sous le joug satanique que font peser sur eux d'exécrables serments, en les tenant partout et toujours sous la pointe d'un poignard invisible, assujettis à une obéissance passive et aveugle quelque dure qu'elle soit, obéissance qui va pour un certain nombre jusqu'à la mort et au supplice, quand le sort les appelle à la perpétration d'un grand crime? Payer et obéir, voilà désormais leur part. Le secret et le commandement de la secte sont réservés à quelques initiés, dont les autres reçoivent l'inspiration, l'ordre et le mouvement.

J'ai dit « le secret »; toutefois ce secret, d'abord dissimulé par les habiles, mais depuis « longtemps franchement avoué par ceux que leur impatience rend moins prudents », peut se résumer facilement dans la parole prononcée par l'élu de Clairvaux, un maçon convaincu, logique, l'un de ceux qui ont le plus combattu et le plus souffert pour la cause et en ont le moins bénéficié. « Il faut, disait Blanqui, extirper de la France, entièrement, non seulement l'Église catholique, mais tout christianisme. » Le diable n'aurait pas mieux dit; voilà bien le dernier mot de la franc-maçonnerie.

En effet, quel est le but final et l'aspiration suprême du peuple maçon? C'est de devenir *Bête* et de façonner l'humanité entière à son image. Il est donc de l'essence de la Maçonnerie de haïr d'une haine parfaite l'Église catholique, qui a un esprit, un but, et des aspirations diamétralement opposés, et d'employer tous *ses marteaux* à la démolir.

Aussi, est-ce à cette œuvre qu'elle a toujours travaillé et qu'elle travaille surtout en ce moment, avec un courage et une persévérance que rien ne rebute, et avec des moyens de succès tellement nombreux et puissants, qu'elle peut concevoir, en considérant son œuvre de démolition dans les masses, quelque légitime espoir de voir arriver, dans un temps assez rapproché, ce que l'Écriture appelle *le règne de la Bête*, ce messie attendu des Juifs, et qui est si bien dans les vœux des non-Juifs.

Soit donc que l'on considère le Juif dans les casernes de cette grande armée antichrétienne dont il est l'âme et le général en chef ; soit qu'on le regarde derrière le comptoir, où il tient enchaînés, par les cordons de sa bourse, comme les vaincus au char du vainqueur, tant d'États, tant d'hommes ..... et de choses ; ou qu'on le voie au bureau de la presse, devant le trône où il gouverne ce que l'on appelle *la maîtresse de ce monde, l'opinion*, on ne peut s'empêcher de reconnaître la redoutable omnipotence qu'il s'est conquise au milieu des nations chrétiennes, et qu'à une heure donnée il peut faire servir à ses desseins, sans rencontrer de la part de ces dernières des difficultés politiques qui puissent sérieusement retarder sa marche. Ce serait plutôt à qui s'empresserait de reconnaître sa *nationalité* et de rechercher son alliance ; et l'impiété moderne applaudirait à cet événement, dont elle espérait « l'écrasement de l'infâme ».

V

LE JUIF ET LE TURC. — SOLUTION DES DIFFICULTÉS RELIGIEUSES, HUMAINEMENT PARLANT. — LES ESPÉRANCES D'UN PROCHAIN RETOUR A JÉRUSALEM. — UNE REMARQUE.

Toutefois, la réalisation du plan judaïque rencontrerait, d'après la diplomatie, des obstacles *plus sérieux* que les difficultés politiques, à savoir *les difficultés religieuses, dont la moindre n'est pas la répugnance qu'aurait le Turc à renoncer à la mosquée d'Omar*, etc.

Il faut l'avouer, il y a dans ces difficultés religieuses un obstacle qui semble se refuser à toute combinaison politique pour le rachat de la Palestine, et en fermer l'accès au peuple juif ; et cet obstacle n'est autre que le bouledogue, vrai Cerbère, que Dieu a préposé à la garde des Lieux saints, je veux dire le Turc, avec son respect de ce que le Juif abhorre ; le Turc avec sa mosquée d'Omar, bâtie sur l'emplacement du temple de Salomon, *l'abomination de la désolation* aux yeux du Juif ; le Turc encore et toujours avec son fanatisme intraitable, son mépris héréditaire et sa haine religieuse du Juif.

Du jour où ce dernier tenterait de rentrer en possession de la Judée, le drapeau vert du Prophète ne serait-il pas déployé, la guerre sainte prêchée et tout l'Orient en feu ?

Bien volontiers le pauvre sultan, réduit *in extremis*, rendrait pour quelque bon milliard à son ancien colon ce lambeau de terre autrefois si fertile et si riche entre leurs mains, aujourd'hui frappé de stérilité et de mort sous la sandale du Turc ; mais, comme en toutes choses il faut prévoir la fin, et qu'il la prévoit tout autre que celle qu'il se proposait d'atteindre, il résistera à l'ordre du Juif, malgré l'extrême besoin qu'il en ait.

Et quel autre dessein aurait le perfide Juif en offrant son or au sultan, sinon de préparer la mine destinée à faire sauter l'obstacle qui obstrue sa voie, de provoquer le soulèvement qui mettrait fin à l'empire turc en lui livrant une partie de ses dépouilles, et de précipiter la crise qui, en emportant le vieux moribond des siècles, lui laisserait la part de succession qu'il convoite ?

Croira-t-on, en effet, que le Juif se berce de l'espoir de rentrer paisible possesseur à Jérusalem et dans la Judée, et soit animé du désir d'y vivre côte à côte avec le Turc, et de pratiquer avec lui, dans une touchante fraternité, *la liberté de conscience et des cultes?* Il ne peut donc se proposer, en véritable héritier du nom de *Jacob*, que de *supplanter* son frère Ésaü de la Terre sainte, par une bonne révolution et une conflagration européenne. Car la tempête, c'est ce qu'il aime; il ouvre ses fenêtres quand il tonne, et croit que son messie surgira d'une grande commotion politique.

Or, le Turc ôté, les difficultés religieuses sont résolues. Il est vrai qu'il restera encore là à protéger le monument sacré de notre Rédemption, antique et chère possession des peuples chrétiens, à y assurer le service religieux des différentes communions, et à défendre la liberté des pieux pèlerins qui ne cesseront d'y affluer de toutes parts ; mais ce n'est là qu'une question de détail. La diplomatie moderne, cette mouche du coche embourbé, n'aura qu'à formuler, de la part des puissances *chrétiennes* qui interviendront dans cette grande liquidation, des conditions, des réserves, des *garanties*, toutes choses que le Juif s'empressera d'accepter, sauf à les *réviser* plus tard ; il suffira, pour l'heure, d'avoir la clef de la maison et d'y être réinstallé, et de commencer à compter au milieu des nations.

Alors on verra sortir triomphant du futur congrès un nouveau Wadington, tout fier d'avoir pris l'initiative de « cette œuvre immense de réparation et de restauration à l'égard d'un peuple si digne de toutes les sympathies ; si méritant par tant de grands services rendus aux peuples et aux rois ; ami de la liberté et du progrès, etc... » sans compter le service qu'il sera appelé désormais à rendre à la religion et aux sociétés chrétiennes !

Le règne de la *Juiverie* sera inauguré, règne que la Franc-maçonnerie prépare et où aboutit forcément la politique des États qu'elle inspire et dirige.

Mais, me dira-t-on, la proposition financière n'a peut-être point été faite à la Porte ; en tout cas, elle n'aura pas été acceptée.

A cela je réponds que, quoi qu'il puisse être ou ne pas être de cette proposition, elle n'est qu'un accident bien secondaire dans la question juive. Si le nouveau Moïse de la finance ne peut, en étendant sa baguette d'or sur le col de la mer Noire, en entr'ouvrir les flots pour livrer passage à son peuple, il ne se découragera pas pour si peu, il attendra patiemment que le souffle des tempêtes qui menacent de surgir en Orient et en Occident fasse son œuvre.

Aussi jamais l'espérance d'un prochain retour ne fut-elle aussi vive en Israël, jamais ce peuple n'a roulé ses flots aussi pressés de ce côté.

Si l'on jette un regard sur les populations juives qui inondent de plus en plus les contrées orientales de l'extrême Europe (1), qu'ils appellent « leur (2) nouvelle Palestine », on les voit se rattacher avec une ardeur et une fermeté extraordinaires à l'espoir de *voir bientôt l'arrivée du Messie.*

Que de là on se transporte jusqu'aux extrémités de l'Orient, on rencontrera la même foi messianique et la même espérance chez les Israélites de l'Inde que dans les parties les plus juives de l'Europe.

« Pendant mon séjour en Orient, dit le docteur Buchanam (dans un rapport fait par lui à l'Église anglicane, en 1810), j'ai partout trouvé les Juifs animés de l'espoir de retourner à Jérusalem et de voir le Messie..... Ils croient que l'époque de leur délivrance n'est pas très éloignée, et regardent les révolutions qui agitent l'univers comme des *présages de liberté* (ils ont bien présagé). Un signe certain de notre prochain affranchissement,

---

(1) La Hongrie, la Roumanie, la Serbie, etc.

(2) « Leur » en effet, car par tous les moyens usuraires, pratiqués sur une grande échelle, ils ont fait arriver entre leurs mains la meilleure partie de la fortune publique et privée, ce qui leur permet d'exercer sur tous les marchés un monopole ruineux. En Roumanie, par exemple, le peuple subit sous ce rapport une véritable servitude ; il ne manquait plus pour la rendre complète que de faire droit aux plaintes hypocrites des Juifs demandant à cor et à cris d'être mis avec la population qu'ils exploitent sur le pied d'égalité civile. C'est ce qu'a obtenu, au Congrès de Berlin, le représentant de la France, M. Waddington, Anglais d'origine, il est vrai, et protestant.

disent-ils, c'est que dans presque tous les pays les persécutions suscitées contre nous se ralentissent.

1810 est maintenant de l'histoire ancienne ; quel pas de géant depuis cette époque ! Le Juif est maintenant arrivé, par un effet de nos abaissements, à ces sommets d'où il peut contempler la *terre promise*, bientôt terre conquise, il l'espère, à la faveur des bouleversements qui remanieraient la carte d'Europe et d'Asie, et qu'amènera prochainement et inévitablement cette politique de casse-cou qui préside aux États modernes et rend leur propre existence de plus en plus précaire.

Voilà où nous allons, et le lit creusé où les événements se précipiteraient, si Dieu ne mettait au devant son *grain de sable* pour en suspendre et modifier le cours. Car Dieu n'a pas adopté *le principe de non-intervention*. Nous allons exposer au contraire la manière dont il intervient déjà depuis longtemps, surtout en nos jours, pour préparer la solution de la question orientale, et l'amener, bien contrairement aux visées de la politique moderne, à une heure dont les trois quarts sont déjà sonnés et qui tient l'Orient et l'Occident dans l'attente de grands événements.

Mais, avant de passer outre et de terminer ce chapitre, je veux attirer l'attention du lecteur sur une remarque qui ne manque ni d'intérêt, ni d'importance.

Tous les Juifs, comme nous venons de le dire, ont le pressentiment, la conviction même, que la manifestation de leur *Messie* est proche.

Or, coïncidence bien extraordinaire et qu'on ne saurait attribuer au hasard, c'est aussi le pressentiment des esprits catholiques les plus éminents, je dirai plus, leur conviction fondée sur un ensemble de signes non équivoques, autorisée par de nombreux et redoutables oracles qu'on ne saurait mépriser sans faire preuve au moins d'une grande légèreté d'esprit, à savoir : que le règne de l'homme antéchrist ne saurait être éloigné, et que la société moderne impie et révolutionnaire au suprême chef porterait dans ses flancs l'horrible embryon que le Juif attend comme son Messie.

Et quelle société serait plus digne d'en être la mère ?

Qu'est-ce au reste que la Franc-maçonnerie, l'Internationale, toutes ces sociétés secrètes répandues dans l'univers entier et tendant au même but, travaillant à la même fin, qui est la destruction du christianisme ? Qu'est-ce, sinon l'antichristianisme, c'est-à-dire le corps de la *Bête qui doit faire la guerre aux saints ?*

Son corps est formé et arrivé, je crois, à un développement qui ne laisse plus guère à désirer ; une tête ne peut manquer de lui surgir, je veux dire une tête visible où résidera l'esprit de Satan, son chef invisible, et l'âme qui anime le corps pour le conduire, armée de toutes les forces de l'enfer et du monde réunies, à un gigantesque combat *contre le Seigneur et contre son Christ* vivant et régnant sur la terre dans leur Église.

L'enseignement de dix-huit siècles ne nous montre-t-il pas une erreur, une hérésie, une révolte, préparée depuis longtemps déjà, s'incarner finalement dans un homme qui devient la tête et la consommation de *ce corps de péché?*

Telle fut entre toutes les autres cette grande révolte contre l'Église, qui, après avoir commencé à tourmenter le XIVe siècle, agité le XVe, s'incarna au XVIe dans un Luther, et unie à cette *tête de blasphèmes* placée sous l'influence et la direction de l'esprit plus puissant qui habitait en elle, forma cette première *Bête* monstrueuse destinée à préparer les voies à la dernière, et s'appelait du nom qui lui convenait : le Protestantisme.

Or jamais erreur, hérésie et révolte furent-elles aussi bien organisées, aussi mûries et aussi universelles, armées d'autant de puissance, répondant davantage aux dispositions et aux aspirations des multitudes, en un mot furent-elles mieux préparées à recevoir une tête, que la dernière erreur du monde, l'antichristianisme moderne, la véritable apostasie dont parle saint Paul, ne l'est à recevoir la sienne, son effroyable tête de blas-

phèmes, pour porter le nom que l'Écriture lui
donne en propre, pour l'appeler *la Bête* ?

VI

LES JUIFS ET LE VÉRITABLE MESSIE, OU RETOUR NOMBREUX DES JUIFS A LA FOI AU VÉRITABLE MESSIE ET ÉBRANLEMENT D'UNE PARTIE CONSIDÉRABLE DE CE PEUPLE.

Pendant qu'un courant emporte, comme nous
venons de le voir, la masse du peuple juif vers le
faux Messie, avec l'espérance de le voir bientôt
apparaître et de recouvrer Jérusalem comme la
capitale de la domination insensée qu'ils rêvent,
nous voyons, dans une autre portion de la nation,
un travail extraordinaire de la grâce qui, *soufflant
sur les ossements arides des fils d'Israël*, en fait
revivre chaque jour un nombre de plus en plus
grand, et en dispose un nombre plus considérable,
pour un prochain avenir, à embrasser le christianisme.

Plusieurs même d'entre eux, devenus prêtres et apôtres, se dévouent avec un zèle sans
bornes à la conversion de leur peuple, avec l'espérance ferme de voir bientôt tomber le bandeau de fer qui ferme ses yeux à la lumière, et
ils s'emploient de toutes manières à préparer

la nouvelle Jérusalem, la Jérusalem chrétienne.

Nous allons esquisser à grands traits cette consolante partie de l'histoire actuelle du peuple juif.

Dès 1844, le savant rabbin Drach, converti à la foi catholique et entré dans les Ordres, constatait que ce mouvement extraordinaire de la nation juive avait commencé à se manifester depuis une vingtaine d'années dans tous les pays, mais surtout en France.

« Les enfants d'Israël, dit-il, retournent en foule, sans exagération, à la foi catholique, croyance de leurs ancêtres ; une partie va se perdre dans le protestantisme. » Il cite ensuite de nombreux et illustres exemples, surtout en Pologne et en France. Tout le monde connaît la conversion miraculeuse du célèbre Alphonse-Marie de Ratisbonne, le Paul moderne terrassé sur le chemin de l'incrédulité par l'immaculée Mère de Jésus, et qui a fait de Jérusalem le centre de son apostolat. Son frère Théodore, prêtre aussi, l'avait précédé. Ils furent suivis des quatre frères Libermann, des abbés Gosch, Aronson, etc. et d'un assez grand nombre d'avocats, de médecins, de savants, d'officiers de tout grade, et d'autres israélites recommandables. M. Drach ajoutait que le moment n'était pas venu encore de publier une liste si intéressante, qui grossit tous les jours. De nos jours le juif Hermann, converti subitement et miraculeusement par le Saint-Sacrement, et devenu Religieux Carme, meurt saintement après s'être fait un nom dans la musique et dans la poésie sacrée, où il exhale, en chants pieux, l'amour qui le consumait pour Jésus-Christ.

Citons encore les deux frères Lémann, qui, faits prêtres catholiques, se sont dévoués corps et âme au salut de leur peuple, et travaillent avec tant de zèle à préparer son retour, qu'ils semblent en cette voie comme les précurseurs des *deux grands prophètes* réservés pour la consommation de cette œuvre. Nous aurons à parler d'eux tout à l'heure.

En Russie, dans la Prusse occidentale, en Silésie, etc. . . les Juifs renoncent par centaines à la synagogue pour se réunir à l'Église romaine.

Si l'on va en Orient, on entend les Juifs de Constantinople déclarer solennellement à leur rabbin, assez embarrassé, que le messie qu'il leur promet toujours *se fait trop tirer l'oreille*, et que, s'il ne paraît pas bientôt, ils y renonceront décidément pour se faire chétiens.

Plusieurs Juifs font baptiser leurs enfants, tandis qu'eux-mêmes, hélas ! retenus par des considérations temporelles, n'ont pas encore le courage et la grâce qui fait renoncer à tout pour suivre Jésus-Christ.

D'un autre côté, selon le même auteur, les persécutions dont les néophytes étaient l'objet, il y a quelques années, de la part de leurs anciens coreligionnaires, se sont bien ralenties depuis. Les persécuteurs se lassent en voyant leur besogne augmenter tous les jours outre mesure ; à peine ont-ils le temps de proférer quelques malédictions *en faveur* de chacun de leurs frères dont ils apprennent avec horreur le passage au catholicisme.

En France, à Paris surtout, les principales familles des israélites continuent à traiter comme parents ceux de leurs membres qui sont baptisés. Autrefois dans les cas semblables, le père, la mère même, reniaient leurs propres enfants.

De plus, dans un grand nombre de synagogues, Jésus-Christ est reconnu secrètement aujourd'hui pour le *divin personnage en qui toutes les prophéties concernant le Messie se sont accomplies à la lettre.* Mais cette vérité est retenue captive dans les cœurs et enchaînée sur les lèvres de ceux qui le savent parfaitement, par la défense formelle d'en parler, et par toute sorte de menaces et de malédictions contre quiconque en trahirait le secret Elie seul, quand il sera venu, ayant droit et mission de manifester le Messie. Le révéler avant, quand même on le connaîtrait sûrement, serait une usurpation sacrilège et une profanation dignes de mort.

Cependant, plusieurs, dans l'occasion, tiennent assez peu compte des anathèmes de la synagogue, et ne se gênent point pour dire à l'oreille d'amis catholiques, dans une causerie intime : « Nous savons bien que vous avez la réalité et que nous n'avons gardé que l'ombre ; tout cela est pour s'arranger plus tard. » Historique.

La synagogue, au milieu de tant de défections qui ne cessent de l'ébranler, a voulu trouver ce moyen terme, afin d'essayer par un dernier effort de retenir encore des âmes, de jour en jour plus nombreuses, que tourmente de plus en plus le besoin de la vérité.

C'est, on peut dire, la synagogue aux abois.

VII

LES JUIFS ET LE CONCILE DU VATICAN

Un incident survenu pendant la tenue du saint concile, mais passé comme inaperçu aux yeux du monde et oublié depuis, doit cependant attirer particulièrement l'attention, car il confirme ce que nous avons dit et il fait espérer beaucoup plus encore du mouvement de conversion qui s'opère dans une portion notable du peuple juif.

Cet incident est le *postulatum* en faveur des Israélites présenté au concile œcuménique du Vatican par les deux frères Lémann, à cette fin :

que le saint concile, jugeant les temps arrivés et le moment opportun, daignât adresser un appel solennel aux restes dispersés d'Israël pour le retour au Messie véritable.

Or, touchés de la supplique des frères Lémann, cinq cents évêques adressèrent au concile le *postulatum* suivant :

« Les Pères soussignés demandent au saint
« Concile œcuménique du Vatican, dans une
« humble et pressante prière, qu'il daigne pré-
« venir, par une invitation toute paternelle, la
« très infortunée nation d'Israël ; c'est-à-dire qu'il
« exprime le vœu que, fatigués d'une attente non
« moins vaine que longue, les Israélites s'em-
« pressent de reconnaître le Messie notre Sau-
« veur Jésus-Christ, véritablement promis à
« Abraham et annoncé par Moïse, achevant et
« couronnant ainsi la religion sans la changer. »

MOTIFS DU POSTULATUM.

« D'une part les Pères soussignés ont la très
« ferme confiance que le saint Concile aura com-
« passion des Israélites, parce qu'ils sont très
« chers à Dieu, à cause de leurs pères, et parce
« que c'est d'eux qu'est né le Christ selon la
« chair.

« D'autre part, les Pères partagent *la douce et*

« *intime confiance* que ce vœu de tendresse et
« d'honneur sera, avec l'aide de l'Esprit-Saint,
« bien accueilli par plusieurs des enfants d'Abra-
« ham, parce que les obstacles qui les arrêtaient
« jusqu'à ce jour semblent de plus en plus dis-
« paraître, depuis qu'est tombé l'antique mur de
« séparation.

« Fasse donc le Ciel qu'au plus tôt ils accla-
« ment le Christ, lui disant : *Hossanna au Fils*
« *de David ! Béni soit Celui qui vient au nom du*
« *Seigneur !* Fasse le Ciel qu'ils accourent se
« jeter entre les bras de l'Immaculée Vierge
« Marie, qui, déjà leur sœur selon la chair, veut
« être encore leur mère selon la grâce, comme
« elle est la nôtre ! »

Voilà donc que, pour la première fois, toutes
les régions de l'univers, personnifiées dans leurs
évêques, ont formé comme une grande voix pour
demander, après plus de dix-huit siècles, la conversion des fils de Jacob !

Or les deux frères Lémann, après avoir recueilli
les cinq cents signatures apposées au bas de ce
postulatum des évêques, furent admis à l'honneur
de le présenter à Sa Sainteté. « Il était nécessaire,
« comme le dit si bien le R. P. Ramière, que
« le regard de Pierre fût pour cet acte une con-
« firmation et une bénédiction (1). Pie IX, les

---

(1) *Messager du Sacré-Cœur de Jésus*, à qui nous empruntons
ces détails.

« ayant accueillis avec tendresse, leur dit :
« Mes enfants, j'accepte votre *postulatum* ; je le
« remettrai moi-même au secrétaire du Con-
« cile. Oui, il convient, oui, il est bon d'adresser
« aux Israélites quelques paroles d'exhortation
« et d'encouragement. Votre nation a dans les
« Écritures des promesses certaines de retour.
« Si la vendange ne peut se faire encore tout
« entière, que le Ciel nous accorde au moins
« quelques grappes. »

Puis il bénit affectueusement les deux frères,
en leur laissant ce précieux encouragement :

« Vous travaillez pour votre peuple, c'est une
vocation : vous voulez faire pour eux ce qu'a fait
Moïse : les délivrer. »

Or, quand Dieu met au cœur de son Église
assemblée la douce et *intime persuasion* que les
temps sont venus où les Juifs, en partie du moins,
répondront à la voix qui les appelle au bercail,
chanteront l'*Hosanna au Fils de David* ; lorsque
le Saint-Esprit incline le cœur du successeur de
Pierre à prendre en considération le *postulatum*
en faveur des Juifs, que celui-ci appelle *une vocation*, l'œuvre entreprise avec tant de zèle par les
deux prêtres qui, à l'exemple de saint Paul,
*se seraient volontiers anathèmes pour le salut de
leur peuple ;* qu'il veut bien espérer du ciel, sinon
toute la vendange, *au moins les prémices de
cette vendange*, et qu'il bénit et encourage la

mission des deux frères, il n'y a plus à douter que nous ne touchions à l'époque du consolant retour qu'une partie des Juifs doit effectuer avant l'arrivée de l'Antechrist.

Les temps n'ont point permis au Concile d'élever cette voix puissante destinée à émouvoir *les déserts de Cadès,* mais la réalisation de ce vœu est réservée sans doute au même Concile, au jour où il lui sera donné de se réunir de nouveau pour achever son œuvre.

Puisse le grand pontife, le Pape « de la Lumière » qui a succédé au Pape « de la Croix », être appelé à consommer l'ouvrage de ce dernier et à poser les assises de la nouvelle société chrétienne !

Ne nous est-il pas permis d'espérer que l'astre resplendissant dans les armes de Léon XIII comme la lumière dans le ciel symbolise le retour du calme après la tempête, du triomphe de la vérité sur le mensonge, comme aussi la nouvelle étoile de grâce et de vérité qui s'élèvera de Jacob pour amener des contrées lointaines de l'erreur à l'adoration du Christ-Sauveur un grand nombre de Juifs et de nations assises dans les ténèbres et à l'ombre de la mort ?

VIII

LES JUIFS ET LES DIVINS ORACLES. — DEUX TEMPS DISTINCTS DE LEUR CONVERSION. — ELLE AURA LIEU A JÉRUSALEM AVANT ET APRÈS L'ANTE-CHRIST.

« Votre nation, disait donc Pie IX aux abbés « Lémann, a dans l'Ecriture des promesses cer-« taines de retour. »

Ces promesses en effet sont aussi nombreuses que formelles dans les prophètes, et personne n'ignore ce qu'en a écrit saint Paul dans son Épître aux Romains.

« Si leur réprobation (des Juifs), dit-il, est « devenue la réconciliation du monde, que sera « leur retour, sinon une résurrection à la vie ?… « Car je ne veux pas, mes frères, vous laisser « ignorer ce mystère : qu'une partie des Juifs est « tombée dans l'aveuglement jusqu'à ce que la « plénitude des nations entre dans l'Eglise, et « qu'après *tout Israël sera sauvé*, selon ce qui a « été écrit : « Il sortira de Sion un libérateur qui « bannira l'impiété de Jacob ; et c'est là l'alliance « que je ferai avec eux, lorsque j'aurai effacé leurs « péchés. (Isaïe, LIX, 20). »

Or, cette conversion s'opérera à des époques distinctes, quoique très rapprochées, *peu de temps avant l'Antechrist* et *aussitôt après,* et *elle aura lieu* (au moins pour la plus grande part) *à Jérusalem.*

Deuxième conversion. — C'est en effet une vérité très certaine enseignée par l'Écriture et par la tradition, qu'une partie du peuple juif, la plus mauvaise et aussi la plus nombreuse, d'abord se jettera à l'Antechrist et le recevra comme son messie, selon ces paroles du Seigneur lui-même aux Juifs, en saint Jean (v., 43) : « Moi je suis venu au nom de mon Père et vous ne m'avez point reçu : si un autre vient en son nom (*de sa propre autorité, pour sa gloire et ses intérêts*) vous le recevrez. » *Cet autre,* enseignent les Pères, sera l'ennemi par excellence du véritable Christ, et il sera envoyé principalement à cause des Juifs, en punition de leur incrédulité, afin, selon l'enseignement de l'Apôtre (Thess. 11), que, *n'ayant point reçu et aimé la vérité pour être sauvés, ils croient au mensonge, et soient livrés à l'esprit de séduction et d'erreur pour leur perdition.*

La partie de ces adhérents de l'Antechrist qui n'aura point péri avec lui quand « le Seigneur Jésus tuera l'impie du souffle de sa bouche (Thess. 11), » saisie de crainte à la vue des jugements de Dieu, se convertira avec le reste des nations, témoins de cette suprême catastrophe. C'est alors que *tout Israël sera sauvé.* Or toutes ces choses, comme on sait, se passeront à Jérusalem, devenue le siège de l'Antechrist et de l'empire antichrétien. L'histoire en a été écrite par avance dans les prophètes et particulièrement dans l'Apocalypse de saint Jean.

Première conversion. — La première conversion des Juifs aura lieu à Jérusalem, principalement par la prédication d'Elie, *quelque temps avant l'apparition de l'homme de péché* (1).

Qu'au prophète Elie soit réservée la mission de convertir la meilleure part du peuple juif, c'est là une vérité qui prend la première place après les dogmes de foi catholique, vérité fondée sur les textes les plus clairs et les plus formels de l'Ecriture, enseignée par toute la tradition et qui fait également l'objet de la foi et de l'attente d'Israël. « Voilà, dit le Seigneur dans le prophète Malachie, que je vous enverrai le prophète Elie avant que vienne le jour grand et horrible du Seigneur. Et il convertira le cœur des pères à leurs enfants, et le cœur des enfants à leurs pères, » en les ramenant à la foi, au véritable Messie, que leurs pères, les patriarches et les saints de l'Ancien Testament avaient fidèlement attendu, et qu'eux avaient renié quand il fut venu.

Pour ce qui est du lieu où s'opérera cette conversion, citons seulement quelques textes des prophètes :

____

(1) Corneille de la Pierre.

« Je les rassemblerai de toutes les contrées
« vers lesquelles je les ai chassés dans ma fu-
« reur ... et je les ramènerai en ce lieu (à Jéru-
« salem). Et je ferai avec eux *un pacte éternel*, et
« je ne cesserai de leur faire du bien, et je mettrai
« dans leur cœur ma crainte, afin qu'ils ne *s'é-*
« *loignent plus de moi.* » (Jérém. ch. 83.)

« En ce jour-là, j'ôterai de ton cou le joug de
« ton ennemi, et je le briserai, je mettrai en
« pièces ses liens, *et les étrangers ne te domineront*
« *plus.* » (Jérém. 29.)

« Je vous retirerai d'entre les peuples, je vous
« rassemblerai de tous les pays et je vous ramè-
« nerai dans votre terre. Je répandrai sur vous
« une eau pure (celle du baptême), et vous serez
« purifiés de toutes vos souillures ... et vous
« habiterez dans la terre que j'ai donnée à vos
« pères. Quand je vous aurai purifiés, que j'aurai
« rempli vos villes, rétabli les lieux ruinés, et
« que cette terre qui paraissait déserte et désolée
« aux yeux des *passants aura été cultivée, on*
« *dira : Cette terre qui était inculte est devenue*
« *comme un jardin de délices.* » (Ezech. 36.)

Enfin un fait immense qui caractérise ce retour
est la conversion générale des nations et leur
réunion en grand nombre à Jérusalem, pour ne
former qu'un seul peuple chrétien avec les Juifs :

« Dans le temps où le Seigneur, dit Sophonie
« (ch. 3 et 8), ramènera et réunira les restes

« dispersés de son peuple, il les élèvera en hon-
« neur et en gloire devant tous les peuples de la
« terre ... Comme ils ont été un objet de malé-
« diction au milieu des nations, ils seront en
« bénédiction ... Alors beaucoup de peuples vien-
« dront, et des nations puissantes, chercher le
« Seigneur des armées à Jérusalem et implorer
« la face du Seigneur. »

C'est donc d'après le retour de la meilleure part des Juifs dans la Judée que Dieu *fera avec eux un pacte éternel, pour ne plus cesser de leur faire du bien, qu'il répandra sur eux une eau pure, etc ..., qu'ils seront en bénédiction au milieu des nations et que beaucoup de peuples convertis viendront à Jérusalem*, et formeront avec les Juifs un peuple chrétien.

Mais la question est tranchée chronologiquement au chapitre 38° du prophète Ezéchiel où se trouve exposé, historiquement et d'une manière si dramatique, le dessein secret que formera l'Antechrist de s'emparer par surprise de la Judée et *d'étendre la main sur le peuple qui y était nouvellement rétabli*.

Le Seigneur parle donc ainsi par ce prophète à Gog et à Magog (à l'Antechrist, à son peuple et à ses armées, désignées par les mêmes noms dans l'Apocalypse de saint Jean, cette histoire prophétique des derniers temps) :

« Prépare-toi (ô Gog), et toute la multitude

« assemblée près de toi (Magog), et vois toute
« leur loi... Dans les *derniers temps* tu viendras
« chez une nation qui a été sauvée du glaive
« et rassemblée du milieu des peuples sur les
« montagnes d'Israël restées désertes et qui
« habite en toute confiance (en sa terre). Tu
« monteras comme la tempête, tu arriveras
« comme une nuée couvrant cette terre, toi, tes
« bataillons et un grand nombre de peuples avec
« toi.

« Voici ce que dit le Seigneur Dieu : En ce
« jour-là des pensées monteront dans ton cœur,
« et tu méditeras des desseins pervers et tu
« diras : J'irai jusqu'à cette terre sans forteresses,
« je m'avancerai contre ceux qui reposent et qui
« habitent en sécurité sans murailles, sans portes
« ni verrous ..., et j'envahirai ma proie et j'éten-
« drai la main sur ceux qui avaient été aban-
« donnés et qui ont été rétablis, sur un peuple
« rassemblé du milieu des nations et qui *com-*
« *mençait à habiter* au milieu de la terre (expres-
« sion pour désigner la Judée, spécialement
« Jérusalem).

« Je t'amènerai, dit le Seigneur, contre ma
« terre, afin que les nations (que tu as séduites)
« me connaissent, lorsque j'aurai fait éclater ma
« puissance en toi, ô Gog ! »

Suit la description des châtiments qu'on re-
trouve en détails dans l'Apocalypse.

« ... J'exercerai ma puissance sur eux (Gog
« et Magog) par la peste, et par le sang, par de
« violents orages, par une pluie de pierres énor-
« mes, et je ferai pleuvoir du ciel le feu et le
« soufre sur Gog, sur son armée et sur la mul-
« titude des peuples qui sont avec lui. Et je
« montrerai ma grandeur et je serai manifesté
« aux yeux de la multitude des nations, et ils
« sauront que je suis le Seigneur. »

Commentant cette prophétie, le prince des
interprètes de l'Ecriture, Corneille de la Pierre,
était amené à conclure, il y a un peu plus de deux
siècles, que ce qui s'était fait vers la fin du on-
zième siècle, sous Godefroy de Bouillon, se renou-
vellerait avant l'arrivée de l'Antechrist, à savoir
que la Terre sainte serait recouvrée par les chrétiens, « *sicut sub Godefrido Bullonio factum est,
sic ante Antechristum Terra sancta a christianis
recuperabitur.* »

Comme on vit donc, après la prise de Jérusalem, l'an 1187, et la conquête de la Judée par ce
héros chrétien élu roi de Jérusalem, d'immenses
multitudes de toutes les nations, hommes, femmes
et enfants, accourir à la suite des croisés aux
saints Lieux et même y fixer leur résidence, ainsi
en sera-t-il, mais dans une proportion qui ne
s'est jamais vue, quand un monarque chrétien
aura dans une dernière et formidable croisade,
achevé d'abattre en Europe l'empire de Mahomet,

refoulé le Turc de la Terre sainte et rendu Jérusalem et la Judée aux chrétiens.

Cependant le peuple juif, que concerne la prophétie d'Ezéchiel, s'y montrera plus empressé et plus nombreux que toutes les autres nations. C'est à flots pressés qu'il rentrera dans la terre de ses pères, en bénissant les lois chrétiennes, pleines de clémence et de justice, qui lui permettront de revoir et d'habiter en sécurité son antique patrie. C'est alors que plusieurs d'entre eux, dont le nombre s'accroîtra chaque jour, commenceront, par leurs œuvres de foi et de charité et par les larmes du repentir, à ôter de leur terre la malédiction, à en laver la tache, à en effacer le crime, et à la préparer à recevoir de la rosée du ciel cette moisson spirituelle qui doit faire, selon l'Apôtre, « la richesse des nations ».

Alors s'accomplira pour le sol lui-même de la Judée la prophétie d'Ezéchiel citée plus haut : « Cette terre qui apparaissait déserte, inculte et « désolée, reviendra comme un jardin de délices. » (Voir la note très importante à la fin de l'article.)

Vers la fin de cette période de retour apparaîtra donc, comme Jean-Baptiste sur les bords du Jourdain, le prophète Elie *revêtu d'un cilice,* prêchant aux Juifs la pénitence et la foi en Jésus-Christ *pour avoir la rémission de leurs péchés, et préparant au Seigneur ce peuple par-*

fait, qui dans la grande tribulation fournira à l'Eglise tant de glorieux athlètes et de martyrs intrépides (Apoc., VII). Les Juifs accourront pour entendre le grand prophète de Jérusalem et de toute la Judée et des contrées les plus éloignées, et se convertiront par multitude à Jésus-Christ.

C'est pourquoi la partie la plus mauvaise de la nation les prendra, ainsi que le prophète, dans une haine furieuse. Aussi, dès les premiers temps où l'Antechrist commencera à se révéler, les plus influents et les plus puissants iront le trouver et le solliciteront de s'emparer par surprise de la Judée, s'offrant à le servir et à l'aider de leurs bras et de leurs biens pour en exterminer tous les chrétiens ; et ils lui amèneront, pour être ses premiers et ses dévoués auxiliaires, toute la partie du peuple demeurée incrédule ; ce qui ne leur sera point difficile, ceux-ci trouvant dans l'Antechrist, dans sa doctrine et dans ses mœurs, le type du seul Messie qu'ils attendent. D'autre part, tout obstacle aura disparu du côté des autres nations chrétiennes, dont la judaïsation et l'apostasie seront un fait accompli dans le grand nombre de leurs membres, lesquels formeront, avec la partie mauvaise des Juifs, le peuple antichrétien, l'unité du mal, la cité du diable.

Or l'état actuel du peuple juif, tel que nous l'avons constaté, n'est-ce pas la préparation visible et l'acheminement rapide à ce qui est écrit de son retour à Jérusalem et de sa conversion « à la fin des jours ? »

Oui, ces deux courants qui emportent cette nation en deux voies opposées, mais aboutissant toutes deux à Jérusalem, sont le signe évident que nous entrons dans l'époque où vont commencer à s'accomplir les dernières destinées de ce peuple auxquelles sont rattachées, par des liens mystérieux, celles des autres nations.

Nous voyons, en effet, un mouvement analogue à celui du peuple juif s'opérer dans ces dernières. Car, tandis que la Révolution pousse les masses à la négation du Christ et se propose d'amener l'apostasie universelle, un travail religieux extraordinaire ramène chaque jour à Jésus-Christ et à son Église un grand nombre d'âmes droites et amies de la vérité.

Gloire à Dieu ! C'est le travail qui s'opère sur le plan du divin Architecte, et qui, réunissant bientôt les deux peuples *Juif et Gentil* par *la pierre angulaire qui est le Christ*, fera surgir jusqu'aux nues le magnifique édifice d'Unité catholique, auquel le Seigneur ajoutera le couronnement, quand du *souffle de sa bouche* il aura tué l'impie *qui séduisait les nations* et arraché à la Bête *les restes de Jacob.*

L'ancien rabbin, le savant abbé Drach, si versé dans la science des Ecritures et des traditions de la Synagogue, concluait, en 1844, de ce mouvement extraordinaire dans la nation juive, lequel avait commencé à se manifester dans la première période de ce siècle, que « cela paraissait être un signe certain des derniers temps du monde ».

Mais ce signe, qui n'a fait que croître chaque jour et qui brille aujourd'hui plus que jamais, n'apparaîtra dans tout son éclat que quand celui qui *tient encore* un peu par les étais de puissances rivales *étant ôté du milieu* des nations, la Judée sera redevenue l'héritage des peuples chrétiens, particulièrement du peuple juif.

IX

LE JUIF ET LA QUESTION ORIENTALE. — SOLUTION DANS LE SENS CHRÉTIEN QU'AURA CETTE QUESTION. — LA SOLUTION EST PROCHE. — SES CONSÉQUENCES. — CONCLUSION.

L'état politique actuel de l'empire ottoman, les derniers évènements accomplis en Orient et ceux qui se préparent encore en ce moment, le désignent en vérité pour une chute inévitable et prochaine, comme ce doigt mytérieux qui écrivait sur les murailles, à la lueur des flambeaux, la fin de l'empire babylonien au milieu d'une dernière orgie.

Personne ne saurait à cette heure élever le moindre doute sur l'existence tout à fait précaire de l'empire antichrétien arrivé à une extrême décrépitude, et qui ne subsiste provisoirement que par la rivalité des puissances intéressées à le conserver.

Mais Dieu se sert précisément de cette rivalité pour donner à son Église le temps de lui préparer, au sein même de cet empire vermoulu, une riche moisson d'âmes, moisson qui apparaît déjà blanchie, et tout à l'heure bonne à cueillir.

Dès 1840, M. l'abbé Étienne, alors procureur général de la Congrégation de Saint-Lazare, écrivait ces réflexions bien remarquables auxquelles les temps et les événements présents donnent une grande actualité : « A mon avis, disait-il, la question d'Orient, qui occupe tous les esprits, qui absorbe l'activité des hommes d'Etat et fait craindre au sein de l'Europe une conflagration générale, ne sera résolue que par le Catholicisme. »

Ceux-là sont dans une grande erreur, qui pensent qu'il leur est donné de fixer les destinées de ce peuple et de s'approprier ou de partager à leur gré ses dépouilles . . . . Dieu laissera les hommes s'agiter et les gouvernements rivaux tirailler en tous sens cet empire agonisant ; tous leurs efforts n'auront d'autre résultat que de donner à l'Évangile le temps de s'établir partout, de rallier les esprits et de s'enraciner dans les cœurs. La dernière heure de la puissance ottomane ne sonnera que quand son patrimoine sera irrévocablement acquis à Jésus-Christ. Telle est la conviction que remportera de l'Orient tout homme attentif au progrès de notre foi à mesure que l'empire s'affaiblit.

Cette conviction, les Turcs eux-mêmes la partagent. Ils ont compris que leur règne est passé, qu'ils ne forment plus qu'une ombre de nation prête à s'évanouir, et qu'il est désormais impossible de lutter contre le principe de mort qui ruine leur constitution. Et ce qui est le plus remarquable, ce peuple, dont le caractère simple, loyal et noble, commande encore l'estime au sein des malheurs, a l'intime persuasion que c'est à nous à recueillir ses débris. Autant il a de mépris pour les sectaires, qu'il confond avec les Juifs dans une égale aversion, autant manifeste-t-il d'affection pour les catholiques.

Est-ce là un indice de la prochaine réunion des enfants de Mahomet à la grande famille de Jésus-Christ ? Nous avons tout lieu de le croire quand nous voyons partout l'islamisme s'éteindre au profit de la vraie foi . . . .

Mais ce qui n'est pas moins merveilleux c'est que cette conversion effectuée aujourd'hui par un grand nombre de Mahométans de la classe lettrée, qui déguisent leur foi sous quelques pratiques cérémonielles du Coran pour échapper à une loi de mort, et préparée en même temps dans la masse du peuple, est l'œuvre de simples femmes.

« Ce que n'a pu, dit Rohrbacher (1), ni l'épée des croisés, ni la science des docteurs, ouvrir les maisons, ouvrir les cœurs des Turcs, une Sœur d'école le fera, une Sœur de Charité le fera. Et qui plus est, l'instituteur de ces Sœurs de Charité, Vincent de Paul, leur a prédit que Dieu les appelait à lui conquérir les nations de l'Orient. »

Or tout cela étant et demeurant incontestable, qui pourrait n'y pas voir la préparation manifeste à un premier et prochain accomplissement de ce que le prophète historien des temps Daniel (ch. 7), a écrit touchant l'empire anti-chrétien de Mahomet, à savoir : que lorsque *se tiendra le jugement contre lui pour que la puissance lui soit ôtée, qu'il soit mis en poudre et disparaisse à jamais, alors seront données au peuple des Saints la souveraineté, la puissance, la grandeur de tous les royaumes qui sont sous le ciel?*

Il est vrai que, semblable à la bête féroce qui, mortellement atteinte et un instant terrassée, se relève dans un suprême effort plus furieuse pour déchirer et mettre en pièces son ennemi, ainsi l'empire anti-chrétien se relèvera un petit nombre

____

(1) L'illustre historien de l'Église catholique.

de jours dans l'Antechrist, avec un grincement de rage sans bornes et une puissance de nuire centuplée, afin de déchirer et de broyer les membres du chasseur qui l'a blessé à mort ; mais ce ne sera que pour donner à la sentence du Très-Haut le dernier et le plus parfait accomplissement qu'il puisse avoir ici bas, jusqu'au jour du jugement suprême.

Or, eu même temps que Daniel prophétisait contre l'empire antichrétien, il supputait le temps de sa durée et la fixait dans « *un temps, deux temps et la moitié d'un temps* », ce qui, dans le langage des prophètes, signifie à la lettre « un an, deux ans et la moitié d'une année, » soit trois ans et demi, ou, comme l'explique le Daniel du Nouveau Testament, saint Jean, traitant le sujet dans son Apocalypse, quarante-deux mois ou 1,260 jours. Or il faut savoir que, dans l'Ecriture, il y a deux manières de supputer les temps, l'une ordinaire, par temps ou par année, et l'autre qu'on peut appeler figurative, où les jours figurent pour des années. Telles sont par exemples les soixante et dix semaines d'années (la semaine était de sept années pour sept jours), par lesquelles le même prophète avait fixé l'époque précise de l'avènement du Messie.

Ces 1,260 jours, qui seront à la lettre le temps que durera le règne de l'Antechrist, seront donc 1,260 ans, marquant la durée de l'empire de Mahomet, qui fut le prodrome et la figure la plus parfaite de celui de l'Antechrist.

Comme le règne antichrétien du faux prophète a commencé vers 623, il finirait vers 1882. Rohrbacher tient ce calcul non seulement comme possible, mais comme *très probable*. Il écrivait cela il y a quarante ans ; s'il vivait encore, il ne trouverait sans doute pas ce calcul moins probable.

D'autre part nous venons de voir que les Turcs eux-mêmes ont la conviction que leur règne est passé et que la Croix héritera de l'empire du Croissant. L'histoire des peuples témoigne que rien d'important n'est arrivé dans le monde sans avoir été annoncé ou pressenti d'une manière certaine par avance.

Il est rare aussi que quelque oracle ne préside point à la destinée d'une nation ; il ne faut donc pas s'étonner de rencontrer dans un peuple une prophétie formelle dont on ne peut souvent assigner l'origine, ou tout au moins le pressentiment certain et général des changements des destinées de cette nation ou de sa fin.

Aussi trouvons-nous chez le peuple turc une prophétie aussi ancienne qu'accréditée, annonçant que, « un jour, l'épée des Français les chasserait de l'Europe et renverserait leur empire ». Et cette prophétie est passée parmi eux à l'état d'une telle conviction que le célèbre Ducange, en publiant les Mémoires de Joinville, s'adressait à

Louis XIV et le conjurait, au nom de la France et de la Religion, d'accomplir « une ancienne prophétie annonçant que la destruction de la puissance ottomane était réservée à la valeur d'un monarque français. »

En 1860 et 1861, lors des massacres de Syrie, on écrivait d'Orient que les imans, ou prêtres, et ceux appelés les *saints de l'islamisme*, se servaient de ces prophéties, tant elles sont anciennes et populaires, pour exciter dans le peuple le fanatisme des croyants et les préparer à la lutte suprême que chacun attend avec anxiété.

C'est pourquoi la pieuvre du schisme et de l'hérésie étendra vainement ses immenses tentacules par delà les monts et les mers pour se saisir de la proie qu'elle convoite depuis si longtemps ; vainement la Russie schismatique et la protestante Angleterre se disputeront l'héritage de Mahomet ; il n'est destiné ni au schisme ni à l'hérésie, mais à l'Eglise de Dieu. Ce sera le don de joyeux avènement qui lui sera fait par un puissant monarque catholique.

Aussi, malgré toutes les apparences du contraire, la question orientale est et demeurera insoluble jusqu'à l'arrivée de celui qui a seul mission de la résoudre avec beaucoup d'autres.

Or c'est sous le règne du Cyrus chrétien et sous l'empire de ses lois pleines de justice, de sagesse et de mansuétude que, tous les obstacles au retour d'Israël étant levés, les Juifs accourront, en immenses multitudes, de toutes les nations qui sont sous le ciel, chercher le salut à Jérusalem ou y porter déjà le trésor de leur foi et de leurs œuvres.

Alors commenceront à s'accomplir pour Jérusalem les paroles consolantes du même prophète qui avait, en chants lugubres et pleins de larmes, annoncé ses ruines : « En ce temps-là Jérusalem sera appelée le trône de Jéhovah, et toutes les nations s'assembleront au nom du Seigneur dans Jérusalem, et elles ne suivront plus la perversité de leur cœur très mauvais..... En combien de fils te multiplierai-je, Jérusalem ? Combien belle et désirable est la terre que je te donnerai, à savoir : le magnifique héritage des nations ! (Jérém. 3).

Bien que le trône du Seigneur ait été transporté à Rome, devenue par ce privilège la Jérusalem spirituelle, Jérusalem n'en est pas moins restée, comme Jésus-Christ l'a dit lui-même, « la ville du Grand Roi », d'où il envoya ses pacifiques conquérants lui soumettre toutes les nations.

Jérusalem est donc la mère de l'Eglise et la fontaine de la grâce : c'est pourquoi, à la chute du règne antichrétien de Mahomet, elle sortira de ses ruines, déposera son deuil et se revêtira d'un immense éclat ; elle redeviendra la vraie Jérusalem, la *vision de la paix*, une image sur la terre de la Jérusalem d'en haut, à laquelle elle préparera les dernières et les plus saintes légions des élus.

Quand le Soleil de justice, qui s'est levé de la Jérusalem d'Orient pour éclairer les nations, se sera couché sur les ruines de Rome, la Jérusalem d'Occident, selon qu'il est écrit d'elle (Apoc., chap. 18), il brillera de nouveau sur « la ville du Grand Roi » dans toute la beauté et la splendeur de ses derniers feux.

Concluons donc pour ce qui nous reste à dire de la question juive. Le mouvement qui porte aujourd'hui les Juifs par masses considérables vers la Judée et les tentatives de ses financiers auprès de la Sublime-Porte, tendent, il est vrai, à la réalisation de leur rêve, qui est de préparer Jérusalem à être la capitale de leur empire politique et matériel sur les nations, mais ce ne sera jamais là qu'un rêve suivi d'amères déceptions : la première, quand, à la fin de l'empire turc, ils verront la Judée passer des mains des infidèles en celle des chrétiens ; la seconde, et la plus cruelle, leur est réservée par l'Antechrist. Celui-ci leur offrira bien un instant l'apparence de ce qu'ils convoitent, afin de les séduire par cet appât ; mais son empire éphémère sera moins un empire juif qu'une agglomération de tous les peuples, son gouvernement qu'une sentine d'apostats de toute provenance, particulièrement de Juifs cependant, et ses armées qu'un ramassis infect de toutes les nations, destinées à périr bientôt avec leur idole.

C'est alors que les survivants de cette arrière-garde du peuple juif, perdus d'abord dans les armés de l'Antechrist, effrayés et désillusionés, tendront les bras au véritable Christ, *bénissant celui qui vient au nom du Seigneur*, et qu'ils se rencontreront avec les armées des nations à la dernière étape assignée à tous les peuples : aux pieds de Jésus-Christ dans son Eglise. Ils seront, selon la prière du Sauveur, « consommés dans l'unité » (S. Jean, 17).

Puissent ces réflexions, qui n'ont été inspirées que par la charité et le désir ardent de faire briller aux yeux de mes frères la *vérité qui délivre* et qui sauve, contribuer, avec la grâce de Dieu, à prémunir un grand nombre d'entre eux contre les dangers de ces *temps difficiles* et *périlleux* prédits par saint Paul, et qui nous environnent et nous pressent de plus en plus de toutes parts !

DERNIÈRES NOUVELLES

Les dernières nouvelles arrivées tout récemment de Jérusalem viennent, avec une merveilleuse opportunité, confirmer notre thèse et montrer que la restauration prédite sera une œuvre *de nos jours.*

Comme le lecteur le verra, les ouvriers sont déjà à la besogne depuis quelque temps, et ils ont bien travaillé. D'autres ouvriers plus nombreux, enrôlés par de puissants entrepreneurs, se mettront bientôt en route, et l'on verra surgir, comme par enchantement, de ces ruines dix-huit fois séculaires, sur cet imposant théâtre qui attirera les regards du monde entier, la scène où doit se jouer le dernier acte du drame des nations.

La *Zeitshrifs für den Orient* reçoit de Jérusalem d'intéressants détails sur les progrès accomplis ces dernières années en Palestine. Ces progrès sont surtout démontrés par la grande quantité de constructions qui se sont élevées dans les villes. A Jérusalem, le nombre des habitations a presque triplé depuis vingt-cinq ans ; les maisons détériorées ou ruinées ont été restaurées ou rebâties, et, hors de la vieille ville, des faubourgs entièrement neufs ont été construits. L'extension de la ville a lieu principalement du côté de l'ouest.

Bethléem a l'aspect d'une ville neuve. A Jaffa, des faubourgs ont été bâtis par des Arabes venus d'Egypte pour la plupart ; le mur de la ville a été démoli, le fossé comblé, et plusieurs maisons neuves, des magasins et de beaux édifices ont été érigés. Ramieh, Nazareth, Tibériade, Kaïffa, Gifné, Ramallah, Beit-Jal, Beit-Sahur, Kolonieh, Artos se sont également agrandies et pour ainsi dire transformées.

Presque toutes les maisons ont aujourd'hui

des fenêtres vitrées, ce qui était rare il y a vingt ans. A Yeninet, à Naplouse, on voit de nouveaux arsenaux et des casernes. On remarque aussi un grand progrès dans l'éclairage des villes, dans les dispositions prises pour leur assainissement, dans le mode de pavage. Sur beaucoup d'édifices on a placé des horloges pour indiquer l'heure au public, et les portes des villes ne sont plus fermées le soir.

Il est permis maintenant de sonner les cloches dans les églises chrétiennes. Plusieurs de ces églises ont été restaurées et on en a bâti de nouvelles dans quelques villes, ainsi qu'un grand nombre d'écoles et de synagogues à Jérusalem.

L'aqueduc qui, dans les anciens temps, amenait à Jérusalem les eaux des marais qui portent le nom de réservoirs de Salomon, a été relevé, et il aboutit à la place du Temple.

Comme signe de progrès dans l'agriculture, on peut observer que, à Jaffa, les jardins ont quadruplé en étendue depuis un quart de siècle. Outre la colonie allemande établie au pied du mont Carmel, on trouve de nouveaux établissements sur la rivière de l'Aujeh, dans les plaines voisines de Bir-Addes, à Kefr-Sabba. Les plantations et les pâturages se sont également développés.

Paris. — Imprimerie F. Lève, rue Cassette, 17.

www.ingramcontent.com/pod-product-compliance
Lightning Source LLC
LaVergne TN
LVHW052034060726
842528LV00002B/727